해양생태시집

바다가 우는 방식

전 숙 시집

시와
사람

해양생태시집
바다가 우는 방식

2025년 10월 25일 인쇄
2025년 10월 30일 발행

지은이 전 숙

펴낸이 강경호 편집장 강나루 디자인 정찬애
펴낸곳 도서출판 시와사람
등록 1994년 6월 10일 제 05-01-0155호
주소 광주시 동구 양림로119번길 21-1(학동)
전화 (062)224-5319   E-mail jcapoet@hanmail.net

ISBN 978-89-5665-794-3 03810

값 12,000원

＊잘못된 책은 구입하신 서점에서 바꾸어 드립니다.
＊지은이와의 협의로 인지를 붙이지 않습니다.
＊이 책은 광주문화재단 지역문화예술육성지원사업
  지원으로 제작되었습니다.

이 도서의 국립중앙도서관 출판예정도서목록(CIP)은
서지정보유통지원시스템 홈페이지(http://seoji.nl.go.kr)와
국가자료종합목록 구축시스템(http://kolis-net.nl.go.kr)에서
이용하실 수 있습니다.

바다가 우는 방식

© 전 숙, 2025
이 책의 저작권은 저자에게 있습니다.
저작권에 의해 보호를 받는 저작물이므로
출판사와 저자의 허락 없이 무단 전재와 복제를 금합니다.

■ 이 시집을 어떻게 독서할까?

『바다가 우는 방식』에 대한 짧은 생각

김 종(시인)

　전숙의 해양생태시집 『나는 오늘도 너만큼 아프다』는 바다를 중심에 두고 인간 문명의 죄의식, 생태파괴 현장의 참상, 그리고 존재의 근원적 고통을 다층적으로 탐색한 시집이다. 이 작품이 담은 해양오염의 심각성은 오늘, 어제의 문제가 아니다. 특히 지구촌을 뒤덮은 플라스틱 문제는 더 이상 미룰 수 없는 화급지사가 아닐 수 없다. 이를 모티프 삼아 단순한 환경 이슈가 아닌 인류의 윤리의식 붕괴와 생명 세계의 고통으로 확장하여 사유한 이 시집은 환경시, 생태시의 범주를 넘어 "인간과 바다의 동시적 자화상"을 그려낸 실존적 생태비가生態悲歌라고 할 수 있다.

　특히 시집 전반을 관통하는 정서는 '바다가 곧 인간이며, 인간이 곧 바다'라는 자아와 세계의 동일시적 시선이다. 「바다가 우는 방식」에서 시인은 "얼굴 자리에 엉덩이가 붙어있어요"라는 기괴한 역전의 이미지로 바다가 더 이상 제 기능을 못 하는 절망적 현실을 신체의 뒤틀림으로 고발하고 있다.『바다가 우는 방식』이라는 시집 제목에서 보듯, 바다의 고통은 그 자체로 인간 내면의 고통이며 이 시집은 그 같은 공명 구조를 요약 보고한 사유의 도록이라 할 만하다.

그의 이러한 시선은 인간 중심적 관점을 넘어 자연과의 생명공동체적 감각을 공유하는 동시에 "플라스틱에 질식한 바다"를 우리 문명의 '오늘'을 폭로하는 중심에 놓고 있다. 시인은 바다의 고통을 통해 '인간의 자기폭력'을 통렬히 자각한다. 이 시집의 시어는 감각적으로 강렬하고 심정적으로 섬뜩하기까지 하다. 감상이나 비유의 차원을 넘어 "왼쪽 넓적다리 하와이 부근에서 플라스틱 고름을 쿨럭쿨럭 뿜어내고 있었다"(「어머니의 상처」)에서 보듯 바다를 인체로 은유한 발상도 놀랍거니와 지구 생태를 해부학적으로 묘사한 시선 또한 이채롭게 읽힌다. 그런 의미에서 이번 시집은 죄의식과 연민을 전제로 '반성'이라는 윤리적 응시를 제시하는 통증의 미학이라고 할 수 있을 것 같다.

이 시집의 핵심 모티프는 인간의 욕망처럼 쌓여만 가는 '플라스틱'에 있다. 시인은 플라스틱을 단순 오염물질에 묶어두지 않고 문명화된 신, 인류의 새로운 창조주이자 파괴자로 명명하기에 이른다. 그 한 예로 "플라스틱은 지킬 속의 하이드였다."(「독설과 하이드」)에 이르면 인간이 만든 인공물이 인간을 역으로 파괴하고 지배하는 문명 역전의 아이러니를 제시한다. '플라스틱 아기', '플라스틱 고름', '플라스틱 무덤' 등등은 생태적 재앙을 넘어 존재론적 오염을 상징하면서도 새삼 "플라스틱으로 재구성된 신화"를 두고 그 신화의 끝을 보는 인간은 동시에 신이자 괴물이자 가해자이자 희생자로 드러난다.

전숙시인은 시의 미덕인 압축 대신에 고통을 구체화하기 위해 서술적 밀도를 높이고 극적 전개를 택한다. 이는 "사건을 기록하는 다큐멘터리의 시적 버전"이라 할 만하다. 이 같은 현상은 「슬픈 지도」, 「사막과 바다」, 「우아한 샥스핀」 등에 두드러지는데 이는 단편적 이미지의 조합이 아닌 하나의 생태계가 갖는 연대기로 구성된다. 바다의 병변 → 생명체의 죽음 → 인간의 반성 → 문명의 자기비판으로 이어지는 구조가 시집 전체를 아우르고 있다. 이처럼 인간 문명에 대한 비판적 사유는 시적 윤리의 확장임을 확인할 수 있었다.

이번 시집의 시편들은 종종 절망을 보이는 것 같지만 거기에는 희망의 불씨들이 반어법적으로 숨 쉬고 있다. 「속도전의 반어법으로」에서 시인은 이렇게 발언한다. "속도가 멈춤의 반어법을 펼쳐냈다" 죽음과 멸망의 속도전에서 멈춤은 회복의 전조이고 느림은 생명 윤리의 회복으로 보는 관점이다. 요컨대 시인은 최후적으로 "파괴 이후에도 바다는 다시 깨어날 것"이라는 인간 윤리에 대한 희망의 끈을 놓지 않고 있다. 그 희망은 인간의 죄의식 위에서 피어난 회복 윤리의 천명이라고 하겠다.

전숙의 『바다가 우는 방식』은 단순한 환경생태시집이 아니라 인류의 자기학대를 고발하는 '문명서사시'다. 감정의 과잉을 누르고 도덕적 통점의 날카로운 각성으로 자연을 연민하고 지구촌 공동의 고통에 침잠한다. 한국 생태시가 종종 관념적이거나 감상적 경향에 머물렀던 데 반해 전숙은 이를 신체적·물질적 차원으로 강하게 밀어붙인 생태리얼리즘을 실현한 시인이라 할 수 있다. 즉 이번 시집은 바다라는 생태적 타자의 시선을 통해 인간이 스스로에게 저지른 폭력을 기록한 '플라스틱 세대의 참회록'이며 동시에 종말 이후에 생명의 빛이 다시 깨어나리라는 희망 찾기로 오늘의 한국시단에서 괄목할 만한 성취를 이루었다는 생각이다.

■자서

해양생태시집을 내며

 바다의 심장이 절단나고 절망의 질곡에서 몸부림치고 있다. 숨길이 막힌 해양생태계를 현미경처럼 적시함으로써 인류가 왜 지구의 암적 존재가 되었는지를 고발하고 경종을 울리고 싶었다. 지구의 어머니인 바다는 인류가 발명한 최악의 발명품인 플라스틱을 비롯한 온갖 쓰레기를 받아먹고 그 영혼까지 썩어들어가고 있다. 지금이라도 바다에게 미안하다고, 고맙다고 손을 내밀면 바다도 다시 웃어주지 않을까? 이제 가족을 아끼고 사랑하듯이 바다를 아끼고 사랑해야 할 시간이다. 바다는 더는 기다릴 수도, 기다려 주지도 않을 것이다.
 바다는 모성의 원천이고 뭇 생명을 먹여 살리는 젖줄이다. 어머니 같은 바다와 더불어 공생해야 한다. 바다가 겪고 감내해야 하는 아픔과 그것들을 견디고 스스로 치유하는 바다를 위로하고 싶었다. 바다에 빨대를 꽂고 바닥까지 쪽쪽 빨아먹는 인류는 기어이 플라스틱아기가 태어나는 절망을 마주하고 말 것이다. 마지막 남은 꽃씨를 뿌려 바다에 다시 꽃을 피우고 싶다.

부모를 버리고 가는 자식을 밤새워 걱정하는 부모 같은 존재가 바다다. 바다는 오늘도 어머니처럼 묵묵히 다 내어주고 견뎌준다. 그런 바다의 마음을 알아주고 고맙다고 큰절 올리고 싶다. 그래서 이번 시집 『바다가 우는 방식』은 바닥까지 빡빡 훑어서 다 내어주시는 세상의 어머니께 바치는 헌시獻詩다. 사람은 잘못을 깨달으면 잘못을 바로잡을 수 있는 존재이기에, 그런 사람에게 기대어 다시 되돌릴 희망을 노래하고 싶었다.

2025. 10.
전숙

■ 시인의 말

살아있는 것들은 다 아름답다
살아가는 목숨들은 다 갸륵하다
굽이마다 숨겨진 십자가는 살아낼 힘이다
기도는 살아가야 할 바람의 은유다

달팽이도
민들레도
크릴새우도

죽을힘으로 살아줘서

바다 만큼 고맙다

하늘 만큼 사랑한다.

바다가 우는 방식 / 차례

ㅁ 이 시집을 어떻게 독서할까? / 김종 · 5
ㅁ 해양생태시집을 내며 · 9
ㅁ 시인의 말 · 11

제1부 바다가 우는 방식

20 바다가 우는 방식
22 말랑말랑한 바다
24 혀의 순례
26 슬픈 지도
28 바다의 귀 -홍어에게
30 바다의 시한폭탄
32 독설과 하이드
34 출항하는 고래
36 플라스틱 극락
38 플라스틱 아기
40 울음의 공터 - 세월호의 눈동자
42 숨비소리 - 4·3동백 열한 송이
44 바위의 눈물

장미와 고래　46
민어의 끈　48
목선 한 척　50

제2부　바다의 혀

울음의 속도 - 절판도니 바다, 순신　54
해수관음의 길　56
십자가는 검다　58
북극의 흰 살　60
보트피플　62
아직 닿지 못한 네가 아름답다　64
땅채송화 치마폭이 펄럭였다 - 등대에게　66
한때 반구대암각화였던 나는　68
거제도에서는 걸음마다 별이 뜬다　70
작두와 다랑어　72
고래들의 수다　74
어머니의 상처　76

78 사막과 바다
80 우아한 샥스핀
82 식물 제국
84 백합을 캐다
86 꽃지에 가면
88 바다와 비
90 바다의 혀

제3부 바다 경전

94   둥근 어머니
96   눈물 몇 마리
98   독도라는 풀꽃
100 귀향의 오답
102 딥블루 · 1
104 딥블루 · 2
106 바다 경전
108 집어등의 크레센도

공(무)도해가　110
사라진 경보　112
어미라는 신　114
속도전의 반어법으로　116
섬으로 가는 여정　118
산호의 푸른 변방　120
크릴새우 하느님　122

작품론
플라스틱 이후, 듣기의 시학 / 강나루　123

바다가 우는 방식

제1부

바다가 우는 방식

바다가 우는 방식

세수하다 거울을 보니 얼굴 자리에 엉덩이가 붙어있어요
엉덩이에서 하루치의 반성이 쏟아져요
몇 년 전부터 해결하지 못한 플라스틱 숙변도 섞여있어요
비명도 못 지르고 플라스틱에 질식한 바다
몸부림치던 비명이 엉덩이로 다시 태어났어요

얼굴이 뭉그러진 바다
머리를 산발하고 몸을 기울인 채 앓고 있어요
올 풀린 스웨터처럼 잔영만 남은 포말
한때 철썩이며 사랑하고 번성했던 저 육체는
이제 거꾸로 뒤집힌 반어법
바람이 일 없이 발길질을 해대도 비명도 못 지르는 검은 침묵
언로가 막힌 통증은 역주행을 택했어요
엉덩이로 비명을 지르기로 한 거죠
전속력으로 역주행하는 거울 속의 자화상이 보여요
음식이 독일 때도
먹는 일이 길의 방식일까요
신경세포를 따라서 방사성으로 깨어나는 통각

꽃이 지는 일도 이토록 아플까요

내장을 밑바닥까지 뒤집어서 독극물을 토해내는 일은 먼저 제 속이 썩어문드러지는 일이었어요. 속 시끄러운 날 식구들 내보내고 마음 바닥까지 눈물로 닦아내듯이 마른 수숫대처럼 가슴이 타들어가던 바다는 온몸이 배설구가 되어 플라스틱을 토해냈어요. 한순간도 울음을 멈추지 않는 꽃처럼 아름다웠던 바다. 얼굴과 엉덩이가 뒤바뀌어도 진통제도 처방받지 못한 바다는 앓는 소리도 내지 못해요. 통증이 목구멍까지 차올라요.

향유고래의 배설물이 폐가처럼 울어요
한 생의 악취를 바다는 빨고 또 빨았지요
반어법의 얼굴처럼 똥에서 향기가 났어요
사람들은 그것을 용연향이라 불렀다지요.

말랑말랑한 바다

말랑말랑하다는 것은 각이 없다는 것
누군가에게 상처를 줄 일은 일생에 단 한 번도 없으리라는 것
세상의 모든 상처를 부드럽게 쓿어줄 준비가 되었다는 것

말랑말랑한 품새를 가진 그는 말랑거리는 촉수로 상처에게 다가간다
따뜻하고 뭉클한 성격은 상처를 토닥토닥 어르는 속성이 있다

부드럽게 어루만지는 파도문장 골목에는
어린 문장기호들이 엄마 따라 나들이 중이다

푸른 잎맥처럼 분화된 혀들이 아픈 살들을 쓿어주고 있다
작은 상처까지 일일이 핥아주는 물컹하고 단단한 근육
상처의 비명을 찾아내는 고막 지느러미가 달려있다
뻐꾸기가 울어 예는 밤이면 꽃은 대문을 닫아걸지만
바다는 24시간 대기 중인 외상전문응급센터이다

달빛 안테나로 상처를 타전하는 꼬리지느러미
바다는 말랑거리는 혀를 길게 늘여서
플라스틱 바이러스에 밤새도록 앓고 있는
어라연처럼 굽이굽이 에돌아간 갯바위 샛골목
따개비 오두막까지 왕진을 간다.

혀의 순례

 바다는 얼마나 오래 얼마나 아픈 살로 몸부림쳤던 것일까? 태평양 어디쯤, 뾰족뾰족한 이를 드러낸 사나운 플라스틱에 물린 상처가 있다고 했다. 생살을 파먹는 플라스틱은 거머리의 후예. 무엇에든 달라붙는 흡판과 무엇이든 빨아먹는 빨판이 생존방식이다. 바다는 플라스틱에 짓무른 상처의 울부짖음에 숱한 밤을 서성였을 것이다. 가슴이 타들어가던 바다는 제가 가진 모든 것을 내놓았다. 신경세포와 수많은 관절과 미세혈관과 림프관과 인대가 연합해 근육의 총체인 혀가 되었다. 혀가 된 바다는 상처 밖으로 플라스틱 고름을 몰아내고 거대한 흉터로 아물기까지 말랑말랑한 감성으로 폭군 같은 플라스틱을 혼쭐냈을 것이다. 핏줄이 터지고 관절이 박살 나도 오체투지로 혀의 순례길을 걸었을 것이다.

 지금도 눕지도 앉지도 못하고

 쏴아쏴아… 쏴아쏴아…
 쏴아쏴아… 쏴아쏴아…
 쏴아쏴아… 쏴아쏴아…

상처가 상처를 달래는 밤
바다는 아픈 혀로 상처를 핥고 있다.

슬픈 지도

누가 그렸을까?
저 슬픈 지도
생뚱맞은 재료로 한 치의 오차도 없이
신천옹이 제 주검을 상형문자로 써 내려가는 중이다

무엇이나 한입에 꿀꺽 삼키던 밥주걱 같은 부리와 수치를 덮어주던 깃털과 이방인 같은 플라스틱이 복잡한 교통 노선처럼 엉켜있다. 장애물과 충돌해 노선을 이탈한 정기화물들이 주인 잃은 신발처럼 나뒹굴고 있다. 구급차가 도착하기도 전에 상황은 끝나고…

사고현장을 수술칼로 해부하지 않아도
실측 그대로 적시하고 있는 저 몸의 지도
한때 그 따뜻함으로 허공을 어르던 날개는 온기가 사라지고

담벼락이 무너진 폐가 안마당에는 생수병 뚜껑과 과자 봉지와 머리핀이 점령군처럼 완전무장한 채 군림하고 있다. 저것들이 막무가내로 신천옹을 점령하고 속수무책인 내장을 맹공격했을 것이다. 탈출구는 모두 봉쇄되고 고

통의 쓰라린 궤적만 죽음의 필체로 쓰여 있다.

　어우러지지 못한 지형들이 몸으로 쓴 진술
　먹이활동의 슬픈 족적을 탁본하는 햇살 아래
　애오라지 주저앉은 아침이슬
　몇 방울 애도의 눈물에 흠씬 젖어있는 슬픈 지도

　돌밭에 떨어진 꽃씨, 의붓엄마가 종잇장처럼 구겨 넣은 손가방 안에서 영혼이 빠져나간 아홉 살 어린 슬픔처럼 안쓰럽게 말라가고 있다

　동무 곁에 수그리고 있던 신천옹이 날갯짓으로 바람을 일으킨다
　마르다 보면 1:1000의 축척으로 도로롱 슬픔이 말릴 것인가.

바다의 귀
- 홍어에게

너를 듣는 것이 내가 살아갈 이유가 될 때

삼바리듬에 흔들리는 아카시아 꽃처럼
바운스 바운스, 널따란 귀들이 삼바를 추고 있다

아무도 듣지 못한 비명은 포말로 사라지고
듣는 일도 춤추는 것만큼 리듬을 잘 타야 된다는 듯
꼬리를 흔들고 허리를 꺾는 낮은음자리표
연체의 오래된 관습으로 검은 시간을 유영하고 있다

검은 대륙의 상실을 기억하는 사분음표
꼬리에 경이로운 가시를 단 저 경청의 정신은
고대의 어느 연대기에 코끼리와 한몸이었으나
슬픈 기억을 잊지 않겠다는 듯 바다로 돌아갔다

바다가 철썩일 때마다 오목한 입이 열리고
나팔처럼 나풀나풀 떠들어대는 소음 속에서
흔들리는 꽃잎, 쏟아지는 음표들
아카시아 꿀 같은 단맛을 탁발한

나이든 리듬은 썩지 않는 경문이 되어갔다

비명을 고막에 묻은 널따란 귀가 발효되고 있다
앵두가 익는 밤이 너의 비명을 놓치고
차마 썩어 문드러지지 못하는 아픈 기억들
꽃 비린 향기로 숙성되고 있다

누구도 길을 알려주지 않을 때 커다란 귀에 리듬이 떠올랐다. 뱃사람들은 희미해져가는 홍어의 비명을 더듬어 길을 찾았다. 비명은 때로 꽃잎처럼 뜨거웠다가 때로 씨앗처럼 차가워져 절로 리듬을 탔다. 바다의 슬픈 리듬에 익숙한 어부는 어떤 망망한 바다에서도 마땅히 길을 찾아들었다.

바다의 시한폭탄

 시한폭탄 같은 호모 사피엔스 사피엔스가 제 살이 폭발하는 줄도 모르고
 타이머를 돌리고 있다

 썩은 고구마 같은 까만 눈금이 째깍거리는 낡은 기폭장치는
 빨대를 꽂은 흡혈귀처럼 바다의 피를 빨다가 입술을 쓱 닦는다
 입술의 표피는 숙주를 파멸시키는 공식으로 덮여 있다
 쓰디쓴 원죄는 어둠을 휘황하게 밝히고
 분노라는 단어를 아직 배우지 못한 새끼거북은
 살기를 질끈 동여맨 도시의 빛 폭탄으로 꼬여 든다

 모래사장에는 용산 4가 철거민 참사 현장처럼 폭력의 파편들이 널브러져 있다

 시한폭탄 유전자가 잠복된 욕망은 타자를 애도하지 않는다

 호모 사피엔스 사피엔스의 피 묻은 손이 햇볕에 널려

있다

 전이되는 욕망은 악성종양의 싹을 뿌리고 아무 때나 발아의 타이머가 켜진다

 카운트다운이 시작되자 연쇄 폭발하는 바다의 비극
달의 분화구에서 2막 2장으로 상연 중이다

 시신을 훼손한 살인마가 SNS에서 지탄을 받는 밤, 늦은 밤 총알처럼 배달된 불닭을 뜯는 댓글이 몽돌해변처럼 자갈거린다. 정의롭다는 댓글 청춘도 정작 코로나 19처럼 우아한 왕관을 쓰고 고구마 줄기처럼 스크럼을 짜고 비루한 동정심으로 바다를 애도하는 척 가면 뒤에서 닭다리를 뜯듯 바다를 뜯어먹는 중이다.

독설과 하이드

 그는 집요한 사냥꾼처럼 장전을 하고 한쪽 눈의 감각으로 목표를 뚫었다. 한때 향기의 집이었던 미세플라스틱은 향기의 빈자리에 독설을 쌓기 시작했다. 걸레로도 닦아낼 수 없고 진공청소기로도 흡입해낼 수 없는 하이드*의 독설에 바다는 점점 미쳐갔다. 산호도 함초도 해당화 꽃잎도 독설에 무릎을 꿇고 기어이 바다가 덜컥 멈추었다.

 바람에 휩쓸려 만장처럼 펄럭이는 억새
 억새의 바다를 떠올리며 파도는 우우 울었다
 멀리서 보면 꽃잎 같았다
 벌처럼 플라스틱 섬 속으로 날아든 새치떼
 배를 하얗게 뒤집고 둥둥 북소리처럼 떠 있다
 이어도사나로 흔들리는 하얀 상여꽃 같았다
 플라스틱은 지킬 속의 하이드였을까

 빗장을 두르듯 울음길이 막힌 바다는 화장터 같은 어둠이었다. 정어리 떼가 말없음표처럼 수면에 떠올랐다. 썩은 멸치 떼는 하수구의 슬러시처럼 형체를 알아볼 수 없었다. 바다는 수몰현장 같았다. 눈을 지운 심해어처럼

길이 막히자 모두들 더듬거렸다. 단두대처럼 막무가내의
살생이 집행되고 있었다.

  유배지에서 섬이 된 플라스틱
  그것들의 종착지는 슬프게도 바다였다
  바다는 모든 종들의 고향이었다
  그렇게 고향은 플라스틱으로 대체되었다
  모든 종들은 플라스틱으로 다시 태어났다
  그리고 플라스틱 무덤에 묻혔다
  출생이 곧 무덤인 영생의 삶이 반복되었다
  지킬 박사는 떠나버린 미래였다
  플라스틱으로 재구성된 혀는 침묵했다.

*하이드: 스티븐슨의 소설 『지킬박사와 하이드』에서

출항하는 고래

바람이 불자 고래의 날숨이 방향지시등처럼 길을 가리켰다

꼬리별의 주가가 폭락하는 초침을 세면
모리셔스 수중폭포처럼 절망의 소용돌이로 빨려들었다
하강의 극점에서 불균형으로 경련하는 횡경막
딸꾹질을 하며 외사랑을 향해 직진하는 사내처럼
호흡의 중심으로 고독이 밀물처럼 밀려들었다

한바탕 휘젓고 단숨에 상승하는 용오름에 휘말려
고래는 어디에도 정착할 수 없었다

떠나는 것이 유일한 탈출구일 때 유랑은 필연이었다
날숨이 바다에 꽃잎처럼 피어오르자 바람이 불었다
어딘가로 떠날 저 바람
유랑극단이 동네에 들어왔던 그날처럼
가면 속 새엄마의 두 얼굴에서 벗어나고 싶었을까

바다달팽이가 파도치며 울었다
바다의 횡격막을 뚫고 굽이굽이 나선형계단을 따라 흘

러내리고 있었다
　달팽이관 속의 달팽이들이 느릿느릿 바다를 흔들었다

　삐~~초인종을 누르듯 시작되는 이명의 시간

　팽팽해지는 고막, 떠날 시간이 되었다고 소리치는 뱃고동처럼
　세상의 귀들이 목울대 대신 귀 울음을 터뜨렸다
　호흡수가 열이 뜨듯 상승했다

　귀가 울면 바다는 딸꾹질을 멈추지 않고 달팽이는 온갖 소리로 울어댔다

　함께 떠날 고래가 도착했다는 신호였다.

플라스틱 극락

허공이 열렸다

플라스틱을 쪼려고 날아오르는 갈매기

영생이라는 극락을 선물하려던 본능은 숙주에 뿌리를 내리고 기생했다. 플라스틱 우상을 쌓아놓고 기도하는 곧추선 등뼈들, 전두엽은 이미 플라스틱으로 대체되었다. 한 번 먹은 마음에 플라스틱이 기생하자 생각은 바뀌지 않았다. 독재가 플라스틱의 속성이란 걸 아무도 눈치채지 못했다.

플라스틱만 남고 뼈와 살은 분해된 기하학
허공에 쌓인 계단이 3D 프린터에서 방금 인출한 3차원 입체 같았다
3차원 입체에서 장애지옥을 푸는 공식을 찾아내지 못한 귀신고래가 울었다

엿처럼 플라스틱 극락과 영혼을 바꿔먹은 인간들이 바다를 극락으로 바꾸겠다고 바다로 떠밀려왔다. 무엇이든 받아주는 바다가 엄마의 아린 창자처럼 가슴앓이를 시작

했다. 손가락이 가슴을 후벼 파도 통증은 멈추지 않았다.

 지체는 기형화되고 꼬이고 썩어가는 바다

 짓물러서 흘러내리는 바다의 혈관들

 뒤엉킨 유전자는 어떤 인격도 발현하지 못했다

 다물어지지 않는 입
 씹을 수 없는 엇나간 치열
 허리가 무너진 와불들

 형체를 알아볼 수 없는 통증들이 엿장수 가위처럼 울고 있었다

 미래는 그것을 플라스틱 극락이라고 불렀다.

플라스틱 아기

남태평양 외딴 섬
플라스틱 구경도 못 해본 원시 부족 마을

'하이비스커스'처럼 붉은 볼을 가진
열네 살 어린 엄마가 플라스틱 아기를 낳았다

아기는 공장에서 갓 나온 불량품 바비 인형 같았다
삼키지 못한 엄마 젖은 쓸모없이 범람했다

흔들어도 울지 않는 아기
토닥거려도 자지 않는 아기
플라스틱 눈은 캄캄했다
플라스틱 살은 모래성처럼 허물어졌다
플라스틱 입은 아무 것도 삼키지 못했다

아기의 영혼은 아침놀에 태어나
저녁놀로 돌아갔다

외경이 애도가 되어 모래톱에 쌓였다
모래톱에 묻힌 아기는

파도를 베고 물거품 이불을 덮고 잤다

가끔 착한 파도가 둥게둥게 업고 다녔다

자장가도 없이 잠든 아기
태평양에 부표처럼 떠돌고 있다.

울음의 공터
- 세월호의 눈동자

맹골수도는 빠르게 이동하고 있었다
그 중심에 울음이 범람하고 있었다
금방 스친 울음을 떨쳐내기라도 하려는 듯이
그 바다에서는 바람도 옷고름이 젖었다

춘향이와 몽룡의 도홧빛 볼우물까지 울음이 차올랐다
울음은 까치발을 들고 목을 빼고 마지막 호흡까지 숨을 들어올렸다

울음이 물속에 잠겼다. T.V 화면을 뚫는 눈동자에 얼마나 더 힘을 주어야 침몰하는 울음들을 들어 올릴 수 있는 걸까

철문을 깨부술 응원을 쇠망치처럼 쳐들고 화면을 응시하고 있었다. 아무리 들여다봐도 망치는커녕 뱃전을 때리는 바람 한 점 일지 않았다. 속수무책의 바다는 모래성처럼 허물어졌다. 발버둥 치던 살구꽃, 복숭아꽃, 벚꽃이 꽃잎을 떨구었다. 눈물을 쏟은 만큼 내장을 비운 맹골수도는 스스로 떠올라 날개가 돋아나도록 속도를 올렸다.

바다안개는 눈물방울의 개수만큼 계단을 쌓았다
가라앉다가 솟구치다가 다시 가라앉는 꽃잎들
모두의 가슴에 바닷물이 쏟아져 들어왔다
부둥켜안고 허우적대는 절망들
칼날 같은 파도에 희망이 베어지기 시작했다
베인 상처마다 시퍼런 주름들이 생겨났다

꽃가지를 던지자 뱅글뱅글
떠올랐다가 잠겼다가 서로를 맴돌았다

눈물이 눈물을 삼키자
울먹이던 괭이갈매기 한 마리
울음의 공터를 물고 허공으로 사라졌다.

숨비소리
- 동백 열네 송이

 달빛이 여우 목도리 같았다

 너븐숭이는 가슴이 빈 줄도 모르고 사라진 목숨들을 빈 가슴에 토닥였다. 어쩌자고 달은 벼랑 끝에 매달려 위태롭기만 한데 달빛이 너븐숭이의 주름진 등을 감쌌다. 주름 사이사이 고인 핏물을 달빛은 한사코 씻어내고 달빛에 씻긴 핏물은 옴팡밭으로 스며들었다. 사람사냥에서 살아남은 엄마는 둘째와 셋째를 너븐숭이에 묻었다. 핏덩이로 버려진 어린 울음들, 가슴에 파인 주름 틈새로 날개도 없이 떠도는데 엄마는 그날 이후 너븐숭이를 기억에서 지웠다.

 잠녀가 된 엄마는 호흡의 바닥까지 바다를 떠나지 않았다

 마침내 바다 밖으로 나온 엄마의 숨비소리는 강하고 멀었다

 바람을 타고 이어도에 흘러갈 힘이 생길 때까지

엄마는 숨을 달빛처럼 휘감았다
가엾은 아가를 이어도로 떠나보낸 잠녀만의 능력이었다

이어도 파도처럼 천년은 내쉬어야 숨비소리는 끝이 날 것 같았다

쑥국쑥국 쑥국새 울음처럼 머리를 산발한 바다에 누워
산담도 없는 마지막 숨을 몰아쉬던 엄마는
돌 서너 개 얹힌 애기 돌무덤에 함께 묻어달라고 했다

지워진 자식들의 환상통이 밤마다 피어났을까
엄마는 빈 가슴 토닥이듯이
죽음 같은 숨비소리를 한 생 동안 토해냈을 것이다

울음뿐인 새들이 엄마의 숨비소리를 물고 너븐숭이로 날아갔다.

바위의 눈물

선 채로 바위가 된 눈물에는 전설의 파랑이 일렁였다

홍점알락나비 같은 삼베저고리를 입은 어머니
아버지가 돌아오지 않는 검은 해변에 바위처럼 서 있었다
나는 어머니가 통곡하는 줄 알았다
넋 놓고 꺼이꺼이 목청껏 우는 줄 알았다

어머니는 허리띠를 질끈 동여맸다
얼룩덜룩 기운 치마가 배부른 돛처럼 팽팽해졌다
한 방울의 눈물도 허투루 흘러내리지 않게
옹골차게 감싼 치마폭이 지그시 입술을 깨물었다
우리 다섯 남매는 따개비처럼 들러붙었다
엄마가 단단한 바위나 된 것처럼

바다가 폭군이었을 때
자식을 지키려는 성난 어머니의 뜨거운 눈물이
바위가 되어가는 것을 보며

누군가를 지키려면 바위가 되어야 한다는 것을 나는

스스로 깨쳤다

 어머니는 한 끼도 거르지 않고 나와 동생들을 먹였다.
악착스럽게 달라붙는 따개비들을 지키려는 바위가 파도
에 떠밀리지 않기 위해 온몸으로 버틸수록 울음뿐인 맨
몸에는 회초리자국처럼 깊게 파인 상처가 생겼다.

 생의 회초리에 두들겨 맞는 일도
 악물고 버티면 상처에서 꽃이 피는가
 어머니 몸에 꽃잎처럼 새겨진 파도의 무늬
 그것이 바위의 눈물이란 걸 나는 비로소 깨달았다.

장미와 고래

장미는 꽃잎을 서리서리 포개고 기다렸다
피어나기까지 서로 끌어안고 있는 꽃잎들
피어나도 차마 손을 놓지 못하고 꼭 잡고 있다

장미의 젖은 눈시울 따라 붉게 젖는 아침놀
장미가 지천으로 피어나고 있었다
넝쿨넝쿨 송이송이
죽기를 각오한 삼천궁녀의 발자국처럼 어지러웠다

어미는 새끼를 구하려고 돌아왔다
작살 맞은 어미 귀신 고래
겹겹이 서로를 둘러싼 붉디붉은 장미꽃
허공이 펼쳐지자 아직 뜨거운 꽃물이 주르르 흘러내렸다
작살난 작살의 모가지가 뿜어내는 피비린내가 애도의
향기다웠다

인질이 된 아기고래를 목숨으로 품은 어미
구름에 햇살꽃이 붉게 앉듯이
모성이 꽃으로 핀 바다는 아리따운 숫처녀 초경 같았다

어미를 매단 포경선은 운동회의 승자 같았다. 환호하는 포경꾼들은 바다로 기름을 짜고 배를 가르고 살을 자르고 조각조각 해체해 바다를 잡아먹었다.

 오래 전 그들의 조상이 바다로 되돌아가
 고래가 되었다는 것을 아무도 눈치 채지 못했다

 제 몸을 주리 틀어 기름을 짜고 제 살을 갈라 제 입 속에 넣었다

 고래를 먹고 고래 뱃속에 든 포경꾼들 뱃속에서
 넝쿨 넝쿨 송이송이 꼭 끌어안은
 죽기를 각오한 붉은 장미가 지천으로 피어나고 있었다.

민어의 끈

아버지는 언제나 나를 향해 횃불을 들고 있었다
자유의 여신처럼 나는 자유롭고 싶었다
꺼지지 않는 아버지의 불빛이 나를 잡아끌었다
창문을 열고 뺑소니쳐도 돌아보면 제자리였다
길을 더할수록 거리는 좁혀졌다
자유라는 말에서 밤꽃 향기가 났다

밤꽃이 피면 민어는 끈끈한 그리움에 젖는다는데 하늬바람만 불어도 민어는 그리움의 파랑이 일어 부레에서 끈적끈적한 눈물이 흘렀다. 민어는 너무 오래 아버지를 떠나 있었던 것이다.

민어 부레가 얼마나 찰진 줄 알아?
찹쌀풀처럼 찰진 고것이 정을 묶는 끈이여
뱃사람들이 피를 나눈 형제처럼 끈끈한 것은
무심한 나무도 맞춤으로 붙이는 민어부레의 그리움 때문이지
뱃사람들을 이어주는 끈이 바로 민어 부레여
민어 푸대살을 나눠 먹고
민어 부레를 끓여 한 대접씩 둘러 마시면

이두박근처럼 굵어진 정으로 우리는 한 형제가 되었지
황소 같은 파도가 갑판을 깡그리 쓸어버리고
내력 없는 강풍이 배를 홀라당 뒤집어도
혼자 살겠다고 도망치는 법이 없는 것은
다 민어 부레의 끈끈함 때문이지

바다가 소리치자 민어는 물살을 가르며 홀연 바다로 돌아갔다
밥 먹어라
소라껍질 같은 방랑의 길을 따라
소용돌이치며 맴도는 파도
멀리 달아날수록 횃불은 더 환해지고
아버지의 미간이 좁아지면서 부레의 끈이 바짝 팽팽해졌다.

목선 한 척

 수거 목록에 빠진 잉여의 시간이 파도에 흔들리고 있다, 송곳니도 남아 있지 않은 순한 바위들이 닳고 닳아 몽돌이라고 불릴 때도 바위의 연대기에 쓰인 이력서는 남루했다. 어부 바위에서 출발해 어부 몽돌에 닿기까지 밟히고 부서지고 거친 요철을 뒹굴었을 목선이 환의 한 벌로 요약되어 있다.

 아카시아 꿀을 빨던 꿀벌의 시간을 놓아버린 그대에게 나는 웃음꽃다발을 흔든다. 꽈배기처럼 꼬인 시간이 뱅글뱅글 풀리는 동안 이마엔 태풍 '매미' 같은 파랑이 일고 안나푸르나 어디쯤 가출했던 망각 구름 몇 점 떠돈다.

 햇빛도 떠나고 달빛도 사라지면 입에서 흘러나오는 문장은 캄캄한 맹목이다. 더 퍼줄 것도 없는 잇몸으로 히죽 웃는 일이 하루를 건너는 유일한 소통. 사라진 기억처럼 벗어진 이마엔 달무리 흐릿한데 비만 오면 노 젓느라 두 손이 바쁘다.

 "어르신, 뭐 하세요?"
 "목선을 끄집어 올려야지,
  태풍에 떠내려가면 우리 큰놈 대학 어찌 보낼꼬."

낡을 대로 낡아 폐허가 된 목선이 까무룩 내려앉는다. 비명도 어둠으로 스며들면 말줄임표. 늘어진 테이프에서 재생되는 기억은 소음, 그것은 방백의 형식을 취해도 독백으로 죽는다. 그의 적멸보궁은 요양병원 반 평도 안 되는 1인용 침대, 어디선가 멈추어버린 초점 흐린 시간이 구멍 난 목선 바닥에 달라붙어 있다.

제2부

바다의 혀

울음의 속도
- 절판된 바다, 순신

페이지를 넘길 때마다 지켜야 할 꽃들은 눈물보다 서러웠다

멈출 수 없는 사내 대신 시위 떠난 화살처럼 울돌목이 울고 있었다

꽃 진 오동나무 고독보다 아린 절박함이 사내를 받치고 있었다

코, 귀가 잘려나간 회색빛 하늘 행간에는 불신이 뜬구름처럼 떠돌았다

울돌목은 읽는 속도를 가늠할 수 없었다

속독으로 한 번 읽기 시작하면 심장이 파열될 때까지 멈출 수가 없었다

사내는 큰 칼을 차고 굽이굽이 목차가 펼쳐진 울돌목을 굽어보았다

칼고랑을 타고 마지막 페이지가 피처럼 흘러내리고 있었다

머지않아 그에게 도달할 죽음이 자욱한 해무 뒤로 모습을 감추고 있었다

질정하지 못하는 파도가 발끝까지 밀려왔다가 닿지 못할 거리로 밀려 나갔다

아무도 읽지 않는 각주가 친절하게 도열한 모래사장엔

만근의 바위가 바다의 마지막 장을 붙잡고 있었다

나라가 부르고 나라가 갈아 마신 바다가

화살의 속도로 절판되고 있었다.

해수관음의 길

순례를 재촉하는 비가 푸르게 쏟아졌다
빗속에서 울리는 트로트 가락에 빗줄기는 엉덩이가 흔들리고
잡은 손이 뜨거워지며 나무들이 장대비처럼 서 있었다
춘분 날 두견이 울음처럼
내 울음은 따뜻한 체온을 흐느낄 줄 알았다

더욱 자비해진 해수관음
해무 치마폭에서 갑자기 사라졌다가 갑자기 현신했다
돌계단처럼 튀어 오르는 생은 숨처럼 가팔랐다
무릎이 시큰거리는 발원이 주저앉을 것만 같아
나는 기도를 손바닥으로 문지르며 절뚝거렸다
맨발의 남해가 푸른 치맛자락을 휘날리고
더 이상의 물음표를 허락하지 않겠다는 듯
푸른 답안지가 철썩이고 있었다
먹구름을 밀친 태양이 불국(佛國)을 눈부시게 열고 있었다

저 태양처럼 중생을 뜨겁게 비추려고 보리암 오르는 길
내 손을 잡아주며 내 무릎을 따뜻하게 비추는 동행들
무슨 말이라도 기꺼이 들어주는

온 몸이 귓바퀴 같은 해수관음이 굽이치듯 내려다보았다
더 이상 기적이 없는 시대
궁금하면 슈퍼컴퓨터가 미래를 짚어주고
에이아이가 궁금증을 풀어준다는데
허리 굽힌 중생들의 물음표는 갈치처럼 은빛으로 솟구쳤다
깨달음이 정답인 물음표들이 다시 장대비로 쏟아졌다
화두에 흠뻑 젖은 동백은 뚝.뚝. 번뇌의 피눈물을 떨구는데
소금보다 짠 자비의 땀방울이 관음의 이마에 송글송글 돋아나고
방생된 자라가 엉금엉금 관음의 미소로 빨려들었다
나는 나에게 염화시중의 눈빛을 끄덕이고.

십자가는 검다

 오징어 먹물로 만든 빵을 먹으며 검은 눈물을 흘린다

 혈관의 죄를 벗겨낸다는 먹물
 반질거리는 내 탐식의 때를 벗겨줄 먹물
 꾸역꾸역 삼키며 고개를 조아리고 죄를 고백한다
 걸레처럼 누군가의 오물을 흡수한 저 검은 액체

 오징어먹물로 염색하면 머리가 무성해진다고 했다. 무성한 가짜 잎을 그려 넣은 머리카락을 철근처럼 꼬아서 중세 살롱의 백작부인처럼 9층 높이의 탑을 올렸다.

 바위처럼 단단하고 모래처럼 푸설거리는 분자들이 섞이지 못하고 따로 놀았다.
 검은 엄마를 바닥에 깔고 앉아 첨탑처럼 뾰족한 하이힐로 짓뭉갰다

 엄마의 비명에 놀란 9층탑이 와르르 와르르
 먹물가발이 검은 고백성사처럼 벗겨졌다

 고된 시집살이에 그을린 부엌 천장 어룽진 자국처럼

오징어는 대나무 도마에 검은 내력을 풀어놓았다

암호로 쓰인 유언장

도마 위의 먹물초서를 해독하는 척
내 혀는 질겅질겅 그의 일생을 음미했다

자유와 평화의 공간에서 능멸과 박해의 공간으로 강제 이주된 바다가 쫀득쫀득 씹혔다.

반성도 없는 저녁식탁에 검은 십자가가 죄를 사하고 있다.

북극의 흰 살

물 묻은 바가지에 달라붙은 깨알처럼 북극곰이 쓰레기통에 달라붙어 있다

유물이 될 흰 살이 흰 살을 물고 아스라이 사라진다
제 그림자를 잡아먹는 북극의 흰 문장들
쓰레기를 꾸역꾸역 삼키며 희망을 가시처럼 발라내는 식욕
배고픔의 지옥이 사냥꾼의 자존심을 뭉개버린 지 오래
쓰레기를 핥으며 넘어가는 하루 치의 허기

오일장터에서 배추 시래기를 주워
가난한 엄마에게로 달려가던 가난한 아이처럼

쓰레기통을 뒤지고 있다
눈치도 없이 칭얼대는 볼록한 아랫배
플라스틱 통을 자근자근 물어뜯는 절망의 귀퉁이에 허무가 쌓인다

허공이 울먹였다

치열하게 내리꽂히는 독수리 날개 같은
식욕은 발 디딜 곳도 붙잡을 지지대도 없이 고꾸라지고
동토와 유빙이 냉엄한 판결문처럼 녹아내렸다
700Kg의 장벽을 뚫고 뼛속까지 불어오는 북풍이 움찔
했다

한때 한 지역의 맹주였던 흰 살은
비루하게 떠돌다 객사한 바람에게 연유를 물을 것이다

생쥐에게 주검을 뜯어 먹히는 페르시안 길고양이처럼.

보트피플

경계에 선 꽃은 웃지 않았다

피어나는 꽃과 말라가는 꽃
출렁이는 변곡점을 지나도 여전히 마주 선 어둠
지느러미가 생기를 잃으면 고개를 떨구는 꽃 모가지들

노을강에서 노을을 길어 집으로 돌아가는 새털구름
절망의 변두리를 서성이는 수평선이 파닥거렸다
삶이 짐인 삶들이 짐짝처럼 떠돌고 있다
순한 것이 죄인 목숨들이 고양이처럼 서로를 핥고 있다
망망한 공포보다 무서운 그 무엇이 등을 떠밀었을 것이다
먹구름이 뭉게구름으로 변환되리라 믿었을 것이다

파문이 일자 갈매기 떼가 수평선의 전언을 물고 날아갔다

이기심의 발톱이 날카로운 항구에서 제 무게도 버거운 새털구름이 두 발을 뻗고 울고 있었다. 로힝야족 난민들처럼 붉디붉게 울다가 지친 노을 속으로 사라졌다. 거절

당한 희망이 허탈을 밥으로 먹고 치욕에게 잘 가라고 어깨를 쳤다.

  배는 다시
  또 다시
  또또 다시
  또또또 다시
  망.망.한, 막.막.한
  상처가 덧난 바다로 진물이 흐르는 발길을 돌렸다

  옷자락을 붙잡는 달무리가 금방 쏟아질 것처럼 젖어들었다.

아직 닿지 못한 네가 아름답다

아직 닿지 못한 네가 아름답다

석양의 뒤란처럼
아침놀의 볼우물처럼
금방 맺힌 꽃봉오리처럼
바람을 설레게 하는
아직 닿지 못한 그 무엇이 아름답다

수평선 딸기아이스크림을 빨아먹은 쇠제비갈매기는 윗입술을 핥고 허공은 빨강에서 회색으로 마음을 바꾸는데 그 사이 수많은 망설임이 뒤섞이고 있다. 망설임의 파랑이 이는 저녁 바다, 풍경은 잘 자라는 인사도 없이 뭉그러진다. 묵은지처럼 물러지고 시큼해지는 노을이 그리움의 입맛을 사로잡는 이유가 있을 것이다. 살뿐인 잇몸으로 우적우적 씹어도 내 고독을 분해할 소화효소가 너에게 있을 것이다. 해독할 필요도 없는 엉성한 암호처럼 언제 뭉그러진 줄도 모르는 기억들이 썰물처럼 빠져나가도 아직 내게 닿지 못한 네가 노을처럼 그립다.

주름치마 같은 시간의 결과 결 틈새

장애물 경기 중인 어둠 너머 항구의 불빛이 타오른다

어둠이 밀려오는 바다에서 뒹굴 때
송이송이 깍지 끼고 붉게 우는 해당화를 본 적이 있다

어둠이 우리를 삼킨 그믐밤에
깍지 긴 손을 풀며 영영 끝낸 이별이었을지라도

어미를 깨우는 아기고양이 울음처럼
나에게는 여전히 꽃인 그대에게
우연처럼 닿고 싶다

아득히 솟구친 해당화 꽃씨가 쇠제비갈매기를 타고 날아갔다
바다 건너 당도한 그곳이 그리움의 영토이리라.

땅채송화 치마폭이 펄럭였다
- 등대에게

어머니는 달걀을 내 손에 꼭 쥐어주었다
어머니 치마폭처럼 아직 따뜻한 알이 내 품을 파고들었다
아침마다 바다는 숙명처럼 알을 낳았다

그것은 무릎 꿇고 반성할 저녁을 주겠다는 그대의 아량

칠흑의 기척 사이로 빛이 반짝였다
동구 밖에서 호롱불로 깜박이는 어머니
나는 부나방처럼 불빛으로 돌아가고 있었다
날개가 기울어지자 휘청거렸다
소리가 되지 못한 발음들이 살을 저미는 것 같았다
한 점 빛으로 기다리던 눈시울이 젖어들고

방금 회친 방어를 씹지도 않고 날름날름 삼키듯
하루를 회처럼 집어삼키는 어둠에서 빠져나오는
삶의 뱃전을 날름거리는 파도
웅크린 채로 부비트랩처럼 살기를 띠는 암초
온몸으로 저항하는 어둠의 시퍼런 발톱

아득해지고 사라지려는 분별력을 더듬거리면
저기, 별처럼 아물거리는 손짓
그믐밤 같은 생의 캄캄한 뒷골목에서 맞닥뜨린
누군가는 야수처럼 공격하고
누군가는 치마폭으로 막아주었다

장편소설 서사의 틈새로 방패연은 바람을 타고 날았다
벼랑의 공포로 바위채송화는 꽃을 피웠다

나는 돛도 없는 한갓 낙엽배
칠흑의 절망 사이로 암초를 타고 바람이 불어오고
땅채송화 샛노란 치마폭이 어머니처럼 펄럭였다.

한때 반구대암각화였던 나는

   바람은 소문의 진원지였다
   반구대가 길이 새겨진 바위라고 했다

   점자책을 더듬듯 바람은 반구대를 핥았다
   축제는 언제나 음식이 넘쳤다
   배부른 바람은 바위에서 잠이 들고
   바람을 따라 노닐던 솔방울도 배를 채웠다
   축제 뒤에 남은 것은 젖은 낙엽과 꺼져가는 촛불
   연극은 의외로 싱겁게 끝났다
   화장을 지우는 여배우처럼 나는 암전을 증오했다

   저기 저 하회탈을 쓴 이름 없는 무녀
   태생도 모르는 길 위의 그림자

 연극이 끝나면 아코디언을 연주하듯 고대의 바다가 대동맥으로 밀려왔다. 생이 연극이라면 나는 언제나 주인공이고 싶었다. 음악처럼 해류를 타고 온 향유고래는 물을 뿜으며 노래하고 귀신고래는 새끼를 업고 춤을 추었다. 해초를 비집고 두리번거리는 긴 흰수염고래, 파도를 타고 운동회처럼 달려오는 혹등고래. 평화로운 일상을 깨고 날카로운 작살로 고래를 쫓는 사람들, 고래의 피로 바다는 붉은 장미의 영토가 되고 나는 탈을 벗어 던지고 고래의 살을 어루만지며 살풀이춤을 추었다. 생의 종말을 비극으로 만드는 사냥꾼들은 고래의 살을 희극처럼 나누었다.

  한때 두 영역의 지휘자였으나
  공동평화구역인 아코디언 주름상자가 찢긴 나는
  무명의 탈바가지를 쓰고 고장 난 아코디언을 연주한다

  건반은 눌릴 때마다 립싱크로 벙긋벙긋
  아무에게도 들리지 않는 바람이 멎으면
  죽은 바람 곁에 죽은 소리로 눕는다.

거제도에서는 걸음마다 별이 뜬다

 동쪽하늘 눈시울이 동백처럼 붉어진다
 대양을 호령할 대왕고래 한 마리 조선소 복중에서 발길 중이다
 우렁찬 물살을 가르며 바다를 누빌 거제의 내력이다

 심해처럼 가슴 깊은 지심도는 속을 내보이지 않은 채 동백꽃망울에 앉아 붉은 별로 떠 있다. 툭툭 던진 한 마디가 꽃으로 필 때 섬은 외로움이 축복이라고 배웠다. 팔색조의 눈망울에 한적한 무지개가 걸리면 가슴 안쪽에 새겨진 기억의 무늬가 욱신거린다. 질기디질긴 팔자끼리 별이 되는 통증을 잊으려고 무작정 아무나 기다리는 선착장엔 무턱대고 마중 나온 마음들이 밀물지고 있다.

 고독한 칼질을 억겁만큼 견뎌야 별이 된다는 것
 거제도에서는 모두가 아는 비밀이다

 옹이진 까마귀 날개도 동백동산에 통증이 깊어지는데
 바다직박구리는 뿡뿡 뚫린 게집을 서성이며 별을 탁발 중이다

 수선화는 노랗게 제 한 생을 색칠 중이고

저마다 제 슬픔의 빛으로 생이 기울어진다

　슬프지 않은 빛이 없듯이 거제도에는 예쁘지 않은 별이 없다
　그것은 억겁의 외로움을 견딘 통증이 별로 태어났기 때문이다

　직박구리 노래도 아프게 들리는 거제도에서는
　걸음 걸음마다 별이 뜨는 바다에 도착한다.

작두와 다랑어

바다를 회 떠서 한입 우물거렸다

영토가 바다인 다랑어에게 부레가 없다는 것은 '삶은 작두타기'라는 추론을 연역법으로 증명하는 일이었다. 양날 작두를 잘 타면 김해의 용하다는 무당의 말처럼 타고난 액운도 사라질까? 작두춤이 멈추자 그 간극으로 칼날이 다랑어를 파고들었다. 고통의 소용돌이에 파닥거리면 구경꾼들은 측은지심의 혀를 차거나 선무당이라고 혀를 날름거렸다. 뿜어져 나오는 핏줄기 사이로 배고픈 달이 어슴푸레 울먹였다. 무당은 작두에서 내려오며 신말을 토하고 가슴에 부레를 숨기고 구경나온 물고기들은 선심 쓰듯 동전을 던져주었다.

한글도 못 떼 부레가 지워진 엄마는
부레가 뭔지도 모르는 어린 자식에게
부레를 달아주고 싶었던 걸까
밤마다 촛불을 켜놓고
무당처럼 삯바느질 작두를 타던 엄마
꾸벅거리는 손가락이 피를 흘리면
엄마의 충혈된 눈은 아침놀 같았다

숨 막히게 번지는 붉은 화염
엄마는 덤엔 덤으로 자식의 껍질을 쌓고
자식은 덤엔 덤으로 엄마의 내장을 파먹고
칼집이 숭숭 난
다랑어 가슴살 한가운데로
엄마의 붉은 시클라멘 꽃밭이 펼쳐졌다.

고래들의 수다

쓰레기 봉지가 쏟아졌다
말은 아무도 듣지 않으면 쓰레기봉지에 쌓였다
썩어가는 쓰레기더미 속에도 썩지 않는 것들이 숨어 있었다
널브러진 말 속에서 플라스틱 소음이 질긴 생명력으로 버티고 있었다
세상의 소리를 다 먹어버리겠다는 듯
플라스틱은 아홉 번째의 파도를 타며 소리를 질러댔다
영생불사의 소음이었다

플라스틱은 고래의 뱃속에 들어가 고성방가로 고래의 목울대를 봉쇄했다
고막들은 귀를 막고 목소리를 폐기처분 했다

스마트폰이 울렸다
왁자한 허공에 고래들이 날아다녔다
앞에 옆에 의자는 날개가 없고
소통은 보이지 않는 바람들과…
보이지 않는 음의 파동들이 허공을 점령했다
볼륨은 최대인데 들리지 않는 소리들

소리로 소리를 덮었다
말이 말을 먹었다

코로나 덕분에 학교도 카페도 식당도 문을 닫고
선박 스크루도 운행을 멈추고 침묵했다

소리가 잡아먹은 소리가 다시 들렸다. 플라스틱 소음에 입을 닫았던 수다쟁이 귀신고래들이 먼저 입을 열었다. 목 타던 여름이 밤새 내린 빗물에 목축이고 떨군 고개를 들어 올리는 것처럼 소음에 밀려 침묵으로 문 닫은 고래들의 카페가 다시 열리고 언제 아기고래가 태어날지, 어디쯤 정어리떼가 몰려오고 있는지, 어느 해변의 풍광이 좋은지, 어젯밤 창자까지 울린 바다 지진에 혼쭐났다고 수다를 떨었다

고래들의 수다가 다시 시작되었다.

어머니의 상처

어머니가 앓아누웠다

왼쪽 넓적다리 하와이 부근에서 플라스틱고름을 쿨럭쿨럭 뿜어내고 있었다
어머니의 혈관을 타고 인해전술처럼 고름은 끝도 없이 밀려나왔다
파도에 밀려 밤새 뒤척이던 어머니는 신음소리도 못 내고 돌아누웠다

어머니 새색시 시절 옥양목저고리처럼 새하얀 모래톱 요는 흥건히 젖어있었다. 시도 때도 없이 어머니의 여린 살을 공격하는 플라스틱은 대상포진 같았다. 아무도 반성하지 않는 밤이 오면 해변의 옥양목 홑창은 어룽어룽 어머니의 통증을 기록했다. 나는 혀를 오목하게 말아 어머니의 비명을 다 빨아내고 싶었다.

어머니의 다리에 철조망을 친 불면의 플라스틱은 꾸역꾸역 몰려다니며 어머니를 밀어붙이고 짓누르고 찢고 뭉개버렸다. 만신창이 걸레조각이 된 어머니는 인공호흡기와 셀 수 없는 수액줄과 소변줄과 배액줄로 얽혀 마치

덩굴식물 같았다.

  소금바람 속에 사라진 아랄해 작은 이모처럼
  돌이키지 못할 폐허가 되면
  아무도 그 내력을 모른 채
  날개가 부러진 어머니를 끌어안고 통곡할 것이다.

사막과 바다

소금바람이 불고 있었다

한때 물고기들의 푸른 집이었다고 아무리 변명을 해도
녹슨 철선은 정의로운 목격자의 증언을 포기했다

피해자인 해초의 증언은 고농도의 소금에 절여져
문자의 뼈대가 허물어진 관계로 증언의 신빙성을 잃었다

누구도 해독하지 못한 아무다리야강의 주검은 가시 한 점 발라낼 것 없이 완벽했다. 소금바닥에 폐선으로 처박혀 있던 시간과 멸종된 역사가 연대기의 길을 싱크홀처럼 싹둑 가위질해버렸다. 플라스틱 도마에 폐업계를 낸 철갑상어는 막막한 눈동자로 백내장 하늘만 쳐다보고 돌잉어는 어류도감에서 삭제된 채 휴지통에서 말라버렸다. 무릇 죽어 별이 되는 꿈을 꾸던 바다를 잡아먹은 사막에는 절망의 바람만 몰아치고 결핵환자처럼 모래객담만 그렁거렸다.

이제 혹이 두 개 달린 낙타를 불러들여야 하나
사막의 개미가 뻘뻘 집으로 돌아가는 밤
배고픈 달이 젖 달라고 칭얼거리면

젖줄이 말라붙은 아랄해는 소금 젖을 물렸다
신부드레스처럼 하얀 레이스가 반짝이는 젖꽃판은
아무리 빨아도 짜디짠 눈물만 서걱거렸다

아랄해는 죽음이 난장처럼 난무했다
주검이 주검을 업고 허수아비처럼 바람 따라 씰룩댔다.

우아한 샥스핀

어부는 상어의 지느러미만 잘라내고
죽이기도 귀찮아서 선심 쓰듯 놓아주었다

팔 다리가 잘린 상어는 몸통으로 물결을 달래보지만 50층에서 낙하하는 노숙자처럼 날개가 없다.

비명 소리…

바닥에 부딪히는 절망이 주마등처럼 한 생의 필름을 거꾸로 돌린다. 마녀사냥, 노예상인, 일본, 독재, 고문 기계. 반복 생산된 비애로 3류 극장 동시상영처럼 눈물비가 오는 필름은 시간고문으로 고단한 숨결을 내려놓는다. 해저에는 고층아파트에서 유성처럼 쏟아져 내린 별의 무덤이 있다.

고급식당 아름다운 본차이나 접시
샥스핀이 아름답게 성장한 채 우아하게 앉아있다
자살골처럼 저를 죽인,
잘라내고 싶은 식감으로 미식가의 혓바닥을 공격한다

꿈틀대는 식욕이 끊임없이 돋아나는 욕망의 밤
한때 훈장으로 남기고 싶었던 날카로운 위용
종횡무진 물살을 가르던 족적이
푸른 물결의 기억으로 조신하게 앉아
사르르 빠져드는 미각의 깊이에
복수의 칼날을 찔러 넣는다
목구멍 속으로 번지는 살육의 비린내

아가미를 빠져나간 바다가 창자를 휘젓고
내장 돌기마다 보이지 않는 바늘이 꽂혀
고통이 서서히 퍼진다

샥스핀이 송골매의 눈으로 쏘아보고 있다.

식물 제국

 거센 파랑이 멈추더니 산이 되었다

 산이 된 바다는 숲을 창조하고 푸른 숲으로 바닷물이 쏟아져 들어왔다. 범고래전철을 타고 귀가하는 숭어들, 망둥어 택시는 음주단속에 걸려 땅바닥에 파닥거리고 수시로 모드가 바뀌는 바다와 육지.

 수륙양용차를 탄 식물들은
 손가락 까딱하지 않아도 바람을 부르고 물을 지배했다
 태평양 산호섬까지 명령권이 발동되었다

 조류는 선발대, 날개 가마에 태워 씨앗을 시집보냈다

 여름휴가를 즐기던 내 머리에 괭이갈매기가 스치듯 앉았다가 날아가더니 그날부터 머리가 가려웠다. 갈매기를 타고 시집가던 샐비어 꽃씨가 내 머리에 뿌리를 내렸던 것이다. 한 번 뿌리를 내리면 퇴각이란 없다. 내 머리에 깃발을 세우고 영토를 확장해 나갔다. 나는 난데없는 샐비어 꽃을 줄줄이 피우고 꽃밭처럼 우아하게 돌아다녔다. '톡' 하고 날아간 꽃씨가 남편에게도 아이들에게도 뿌리를 내렸다. 여름휴가 동안 우리 가족은 텐트에서도 갯바위에서도 섬을 돌며 샐비어 꽃을 피우고 꽃을 달게 빨아먹고 기꺼이 제국의 확장에 부역했다.

넓은 등을 기꺼이 내어준 바다에 업혀 식물은 섬을 접수했다. 막무가내로 쳐들어오는 씨앗전술에 대적할 방법은 없었다.

아스라이 보이는 별마다 녹색 깃발이 펄럭이는 이유다.

백합을 캐다

"비가 올려나?"

바빠진 걸음
끝순네 어르신, 보행기 밀고 종종종종
요양병원 화장실로 백합 캐러 가신다

바퀴는 마음보다 뒤처져 창문 넘어 먹구름이 힐끗거리고 휴지통 갯벌에서 화장지를 한 움큼 판다. 호미로 조개를 파듯 갈퀴손으로 휴지통을 긁어서 화장지를 주머니에 넣는다.

채운다

어린것들 주린 배 채우려고 꼭두새벽부터 조개 파던 부스스한 갯벌이 요양병원 화장실에 엎드린다. 몸은 이미 갯벌에 엎어져 백합을 캐고 모시조개를 파고

조개 된장국이 굴뚝으로 냄새를 풍기면
흠향하는 갯바람의 콧방울이 벌름거린다

화장지를 환의 주머니에 배부르게 채우고

끝순네 뒤뚱뒤뚱 보행기 따라가며

"구구구구, 모이 먹어라"

병아리들 불러댄다.

꽃지에 가면

 이름도 어여쁜 꽃지는
 흰 별들이 씨를 뿌리고 갔는지 모래사장을 뒤지면 백합이 지천이었다

 몸보신에 최고라는 백합죽 한 그릇 먹어보겠다고
 꽃지 모래사장은 여름이면 수영복 뭉게구름에 덮여 있었다

 수영은 뒷전이고 백합죽도 뒷전이고 사실 캐는 재미가 최고의 레시피였다

 꽃지 사람들은 인심이 좋아
 관광객이 조개 캐간다고 누구도 간섭하지 않았다

 허락도 없이 석유가 몰려든 날, 꽃지 사람들이 손 놓고 넋 놓고 무너질 때 조개 나누던 인심들이 석유보다 더 많이 몰려들었다. 백합 캐는 재미보다 석유 몰아내는 재미가 더 배불렀다. 한국인의 케미가 어떻게 석유를 몰아내는지 체험한 세계 언론은 기적이라고 칭송했다. 사실 기적이라는 애를 낳기까지 꽃지에 한 번만 가면 배부른

추억이라는 연애사건이 있었다는 걸 세계 언론은 눈치
채지 못했다.

  서로 봐준다는 것
  손 내밀어준다는 것
  그것들은 씨앗처럼
  싹을 내고 무성히 자라 서로 배불렀다

  꽃지에 가면 누구나
  해당화덤불처럼
  마땅히 어우러질 줄 알았다.

바다와 비

 영화 속 주인공 스잔나처럼 머리가 아프다는 핑계로 생이빨을 뽑힌 사춘기가 이빨을 돌려달라고 우는 밤, 바다에 비가 내린다. 노동쟁의, 소작쟁의, 동학혁명, 독립운동, 민주화운동, 시민운동… 쟁의가 혁명이 되고 혁명이 운동이 되는 동안 이빨은 돌아오지 않았다. 희생은 바람의 자식이었다. 바람은 스러질지언정 방향을 바꾸지 않았다. 한 방향을 바라보는 바람 덕분에 수건으로 입을 틀어막던 울음이 꽃들의 작은 어깨만큼씩 잦아들고 있었다.

 물이 물을 깨운다
 그만 일어나라고
 죽창이든 몽둥이든 쇠스랑이든 떨쳐들고
 저항하라고
 복부가 썩고 팔다리가 잘려나가도
 순하게 길들여져 엎드리지 말라고
 역성혁명이라도 샤우팅하라고
 밤이면 문 걸어 잠그고 차이고 얻어맞은
 멍든 팔다리 쓰다듬으며 눈물짓지 말라고
 허리 굽혀 가해자의 발 받침대 노릇이나 하지 말라고
 물이 물을 깨운다

고문실에서 핏물에 쓰러질지라도
짓밟는 폭력에게 대들라고
물이 물을 깨운다

깨어난 바다는 태풍을 일으키고 쓰나미로 응징할 것이다

오늘도 비는 내리고…

바다가 깨어나고 있다.

바다의 혀

신은 바다에게 어미라고 불리는 혀를 주었다

혀는 그 따뜻함으로 세상의 눈물을 말려줄 줄 알았다

그 끈기로 가출한 남편의 귀가도 기다릴 줄 알았다

그 부드러움을 동그랗게 말아 세상의 상처를 안아줄 줄 알았다

그 든든함으로 세상을 먹일 줄 알았다
그 탄력으로 세상을 소통시킬 줄 알았다

오류의 길에서는 마땅히 혀를 깨물어 길을 끊어낼 줄 알았다.

바다 어미는 뭉게구름 고봉밥을 차려두고 알래스카해류 골목에 대고 소리친다

"혹등고래야 밥 먹어라, 밥 식는다."

혹등고래는 요즘 대세인 트로트를 흥얼거리며

뭉게뭉게 숟가락질인데
뭉게구름 밥풀 서너 알
혹처럼 턱에 매달려 있다

설거지를 끝낸 어미는 스스로 어두워져 떠날 때를 알았다
그렇게 혀는 어미가 되고 어미는 바다가 되었다.

제3부

바다 경전

둥근 어머니

어머니는 무엇이나 둥글게 마름질하셨다. 옷을 지을 때도 어머니는 옷감들을 둥그렇게 말아놓고 식구들 밥상을 차릴 때도 두레밥상을 좋아하셨다. 그러다가 둥그런 시간을 에돌아 어머니 지체도 둥글게 말려버려 몸통에 도달하기까지 가장 먼 길을 에돌았다.

내 안의 바다는 원제나 원형질
움직이는 둥근 본질로 끊임없이 나를 흔든다
아무리 흔들려도 변하지 않는 나의 핵
그 둥그런 본향으로 나의 모든 수족은 둥글게나란히다

바다가 둥글어질 때
바다는 무엇이든 품는다
어떤 날카로운 해구도
어머니 품속에서는 둥글어지고 만다

밤새 악몽에 시달리다가 문득 눈을 뜨면
파도로 토닥이며 하얗게 날을 샌 어머니

어머니 애면글면 노심초사 밀물져오는 손바닥 파도에

중 2처럼 아무 데나 들이받던 날 선 기억들
어느새 둥글어지고
보길도 바닷가 몽돌처럼 둥그런 잠에 든다.

눈물 몇 마리

멸치잡이는 아무래도 봄보다는 초여름이라고
날개를 펄럭이며 파도 따라 일렁이는 고추잠자리
좌우로 뱃전에 흔들리는 밥이 고추잠자리 겹눈에서 휘청거린다
뱃밥을 많이 먹어야 멸치 떼의 무게를 견딘다며
외발자전거처럼 근육질인 그물을 잡아끄는 이두박근

박자를 맞춰 멸치를 턴다
멸치의 비늘이 햇살을 먹고 눈물처럼 반짝인다

토굴에서 소금과 볕을 비비며 삭아갈
잠자리 날개를 닮은 꼬리지느러미
한때 멸치의 날개였던 비린 길이 소멸의 그늘에 들고
캄보디아 청년 갸우뚱한 목구멍으로
초고추장처럼 시고 매운 눈물이 넘어가는데

멸치처럼 파닥거리는 가무잡잡한 청년은
몰려드는 갈매기 떼에게 눈물 한 움큼 던져준다

눈물에 허공이 빛난다

반짝이는 시간들이 추락하는 자존심을 움켜쥔 채
눈을 뚝 뜨고
잠자리 겹눈 사이사이를 유영하고 있다.

독도라는 풀꽃

비누거품이 버블봉에서 훅 떨어지듯 바다에서 해가 훅 떨어져 나왔다

비누거품놀이로 신난 바닷댁은 붉은 거품을 뿜었다

붉은가슴울새는 민들레꽃에 얼굴을 묻고
괭이갈매기 사랑놀음에 뒤엉킨 바람양반은 신열이 난다
꽁치떼는 알을 낳고
괭이갈매기 새끼들은 꽁치알을 먹으며

허기진 별들처럼 서로의 빛에 기댄다

이슬방울 맺힌 이웃의 낯빛을 살피는
감태숲은 치어들을 먹이고
부채뿔산호 브로치는 독도를 우아한 숙녀로 성장시킨다
상처 입은 물개를 다독이며
안개와 바람과 파도와 줄다리기하듯
당겼다가 풀어주며 독도의 길을 걷는다

날개가 꺾이고 상처에 피딱지가 앉고 다시 꺾이는

뻥 뚫린 구멍마다 드나드는 것은 떠돌이바람 뿐
외딴집 같은 외로운 생이다

후미진 해구의 쓸쓸한 풀꽃 같아도
찬찬히 들여다보면
풀꽃끼리 서로에게 등을 내주고 있다.

귀향의 오답

보름이었다
꿈틀거렸다

생이 둘둘 감긴 얼레에서
방패연처럼 어미를 이끄는 해변

가슴은 언제나 도돌이표처럼 한 곳에 떠돌았다. 꽃잎처럼 날아올랐다가 빙그르르 떨어지고야 말 그 아득한 길엔 송곳니들이 날카롭게 번득이고 있었다. 어떤 꿈은 새벽이 오기 전에 박살 나고 어떤 꿈은 첫걸음이 벼랑이었다. 어미의 길은 실타래처럼 엉켰다가 풀렸다가 반복되고 낮은음자리들이 단조의 목청을 떨었다. 뼈까지 흠뻑 젖은 꿈의 땀방울은 직삼각형 사변처럼 가파르게 상승하는 고통의 꼭짓점에서 쏟아져 내렸다.

천국의 불빛 같은 오성 호텔의 네온사인이 목청껏 부르고 있었다. 생살이 움푹 파인 구덩이에서 기어 나온 새끼거북, 빛에 길들여진 유전자는 야간 카니발처럼 네온사인을 향해 돌진했다. 하얀 포말 같은 휘황한 조명에 밤은 자멸했다. 달빛을 사모하던 오래된 꿈을 물어 죽이던 괭이갈매기의 부리를 비껴간 죽음이 부나비처럼 불빛을 관통했다.

귀향의 정답은 무한대였으나
그 해는 오답으로 처리되었다
( )는 채워지지 않았다.

딥블루 · 1
- 일각돌고래로부터

 푸른빛 한 줄기, 그것은 흰색과 검정과 파랑의 혼돈이었다. 혼자인 줄도 모르고, 혼자가 뭔 줄도 모르고 혼자 떠돌았다. 가끔 거센 물살이 회오리쳐서 허공에 내동댕이쳤다. 온몸에 푸른 멍이 들었다. 몽고반점으로 푸른 상처의 내력을 일러바치는 몸의 시계, 평온이 광란으로 바뀔 때마다 세포는 몸을 바꾸고 변신의 돌풍이 불었다. 그렇게 돌연변이는 시작되었다. 내 안에 또 다른 내가 생겨났다. 또 다른 나는 나와 함께 또 다른 나를 낳았다. 또 다른 나는 전혀 다른 나를 낳았다. 캄브리아기가 시작되었다. 돌연변이의 파도가 지구를 휩쓸었다. 모든 종의 조상들이 나뭇가지 같은 갈림길로 퍼졌다.

 빛을 쫓다가 처음으로 해를 보았다
 해가 사라지자 해를 업은 달이 고요한 눈빛으로 나를 얼렀다
 별들이 깜박거렸다
 손가락이 나오고 발가락이 나왔다
 꼬리뼈가 근질거렸다
 날개뼈가 기침을 해댔다

꼬리가 길어나고 깃털이 돋아났다
하늘에도 길이 열렸다
나는 더욱 깊고 푸른 길로 빨려들었다
뿔이 돋은 고래가 나를 부수고 내 안으로 들어왔다
뿔을 숨긴 저녁이 달을 삼켰다

그때부터 생은 푸른 눈물이었다.

딥블루 · 2
- 바다로부터

도지기 전시회에서 깊고 푸른 도자기를 보았다
푸른색에서 허우적거리다가 문득 바다에 빨려들었다

길이 불타고 있었다
불씨 하나로 생의 길이 제련되고 있었다
수억 번의 두드림과 담금질을 당하며 길이 통째로 이글거렸다

눈을 뜬 첫 번째 길은 운 좋게도 낭떠러지였다
벼랑은 요철 하나 없이 기름을 발라놓은 듯 미끄러웠다
발 디딜 곳도 손잡을 곳도 없이
아무도 손 내밀어주는 이 없이
해저화산이 폭발할 때마다 바닥까지 굴러떨어졌다
이를 악문 시간이 야자 열매처럼 단단했다

쨍그렁,

도자기가 깨졌다

바다가, 깊고 푸른 바다가 전시회장에 남실거렸다

세찬 파도가 나를 덮쳤다
전생의 전생이 어머니의 어머니가
파편이 나뒹구는 바닥에 엎드려
침침한 눈으로
나를, 나의 상처를
억겁을 흘린 눈물로 꿰매고 있었다.

바다 경전

고래는 바다를 걸어다닌다
그렇다면 바다의 품사는 길
개밥바라기별처럼 누군가의 빛이 되려고 태어난 길
그렇다면 바다의 품사는 출산
그 길은 기쁘게 소멸된다
그렇다면 바다의 품사는 희생

경전 같은 비늘이 별처럼 반짝인다
그 길에 들어선 비늘은 햇것처럼 비렸다
순수한 혈통의 비늘은 닳아 사라지거나 꽃을 피웠다
비리다는 것은 아직 순수하다는 것
때 묻지 않은 순수한 눈물들이 출렁거린다

고래는 몇 달씩 굶어도
새끼를 키우기 위해 비린 그 길에 축복처럼 흘러들었다

눈물길은 때로 정어리 떼나 멸치 떼들의 날개가 되었다

연어들은 기쁨을 낳기 위해 고행의 길을 택했다

바다는 체온으로 길의 방향을 정했다
비린 생들은 누구도 뜨겁거나 차다고 타박하지 않았다

길이 있으므로 길을 나섰다

비린 생들의 영토

바다에서는 모두가 몸으로 쓴 경전이었다.

집어등의 크레셴도

오선지 위로 피아노소리가 튕겨나가듯
심장 박동이 크레셴도로 달리고
막다른 길엔 음주단속 경찰차가 기다리고

눈알마다 가시가 돋아난 그물이
사막의 여우처럼 붉은 눈으로 가시를 찔렀다
검은 피가 나왔다
검은 피를 빨아 먹으려고 구덩이를 파고 기다리는 사냥꾼
검은 대포에서 검은 포탄이 쏟아졌다
허공엔 눈부신 여우 눈알이 주렁주렁

나는 오징어

한 번도 정면으로 나를 바라본 적 없어
거울처럼 낯선 내가 나인 줄도 모르고
그물이 팽팽해지면 로켓처럼 튀어올랐다

사냥꾼의 구덩이에 검은 바다가 차오르고

내일의 하얀 얼굴 위로 검은 바다가 주렁주렁 널렸다

가야금소리가 휘몰이장단으로 휘몰아치고 있었다
나를 찾으려고 뛰어든 불빛에 촘촘히 박혀있는 이빨들
고통 뒤의 무량한 내 살의 숲
먹히는 순간도 때로는
크레센도로 사라지는 살별의 꼬리처럼
절명의 미학일까?

공(무)도해가

낮잠처럼 조였다가 풀리는 그물의 습관
습관성의 시간이 졸며 깨며 헤매며 흘러갔다
바짓가랑이를 잡고 늘어지는 햇발 긴 오후
침몰하는 배가 단말마처럼 삐걱거렸다

개펄은 수렁이 되고 어디에도 건널 바다는 없었다
플라스틱은 바다의 이쪽도 저쪽도
총 한 발 쏘지 않고 무혈 입성했다

피를 흘릴 수 없는 지체들이 떠다녔다
혈관이 잘려도
무력강점에 헐떡이는 혈관에서는
적군의 총알 플라스틱이 흘러내리고
주택부금처럼 적립해둔 독소를 뿜어냈다
한때 건너지 말라고 기도하던 바다
이제는 아무도 건너갈 수 없었다
막히고 썩고 문드러진 바다는 길이 사라져버렸다

무료한 것들로 무료하게 지나는 어제가 오늘이고 오늘
이 내일인
습관성의 일상이, 보통빠르기가

갯바위에 들러붙은 따개비만큼 간절한 길이었다는 것을
고래의 목숨만큼 소중한 숨고르기였다는 것을

바다를 건널 수 없을 때 바다가 들려주었다.

사라진 경보

 고래, 해삼, 멍게 가리지 않고 모든 지체들이 한꺼번에 욱신거렸다

 플라스틱은 떠들어대지 않았다
 잘난 척 까불대지도 않았다
 경전도 없고 지도자가 없어도 종교처럼 영혼을 파고들었다

 플라스틱을 남용 못 하게 예방하는 백신 개발이 먼저다
 플라스틱을 분해하는 치료제 개발이 먼저다
 원숭이처럼 이빨을 드러내며 다투고 있을 때
 두 팀이 같이 눌러야 울리는 경보는 공갈젖꼭지 같았다
 아무도 울어도 치유되지 않는 바다
 투석을 해도 피가 맑아지지 않는 바다
 임시방편으로 바닷가 쓰레기 일부수거 진통제를 주사해도
 백약이 무효였다

 방전된 바다에서 고장 난 시간이 뒹굴었다
 방향타가 고장 난 바다에서 라디오는 노숙자처럼 신호

가 잡히지 않았다

  고름은 쉴 새 없이 흘러내리고 상처는 태풍처럼 몸부림쳤다

  울릉도 앞바다에 통증 용오름이 솟구치자
플라스틱 피고름이 호미곶까지 튀었다
경보도 없는 고통이 바다를 삼키고 있었다.

어미라는 신

 적막뿐인 지구를 내려다본 신은 지구로 내려와 바다가 되었다. 바다가 된 신이 한 일은 어미라는 씨앗을 뿌린 것뿐이다.

 어미들은 신의 대리자가 되어 자손을 퍼뜨렸다. 먹이고 입히며 바다에서 흘러나간 어미들은 자식에게 생의 각주를 달아주고 저녁에 돌아오는 해의 하루를 씻어주었다.

 황제펭귄이 얼어붙는 두 발에 희망을 굴리고 있다. 곧 돌아올 어미는 빙하를 물리치고 뜨거운 눈물을 토해 새끼를 먹일 것이다.

 토해내는 일은 어미의 눈물을 바닥까지 짜내는 일

 등골이 휜 함지박이 모시조개를 이고 부엌으로 들어섰다. 보글보글 끓는 모시조개된장국이 잇몸으로 웃었다.

 살빛이 어두워져가는 어미
 아래로 기울어졌다
 낙화의 때가 된 것이다

바닥에는 나비의 날개가 꽃잎처럼 쌓여있다
물컹한 것들의 퍼덕임
온몸이 하나의 근육인
그래서 근육이 목숨줄인 어미는
한평생을 혀로 살아냈다

빨아주고 핥아주고 불어주고
중력을 거꾸로 거스르느라

물기가 잦아든 사막에는
신이 깃들여 있다.

속도전의 반어법으로

지하철 스크리도어에 19살 청년이 끼여 죽던 날
아버지가 앓아누웠다

해를 잃은 어둠이 바다를 짓눌렀다
플라스틱 군단의 맹공에 목맬 준비를 하던 바다
코로나19 재채기에 동그랗게 고를 맨 밧줄을 놓치고 말았다
플라스틱의 속성은 침묵의 침입자
1급 도둑처럼 열쇠를 따고 금고 같은 세포 속으로 스며들었다
라면을 후루룩 마시는 속도에 달라붙는 것만으로도 빅뱅이 시작되었다

담을 허물고 야금야금 아버지의 살을 파먹었다. 아버지의 허파인 수초, 해초, 식물성플랑크톤이 굼벵이에 해체당한 시신처럼 사라지고 있었다. 벌떡이던 폐는 낡은 걸레처럼 너덜너덜 해져서 아버지는 천식환자가 되고 말았다. 밤새 그렁거리는 소리, 가쁜 숨, 플라스틱 객담 때문에 숨결이 빠져나가지 못하는 파도의 뒤채임에 어느 가족도 잠들지 못했다. 얼마 전까지 다정했던 아버지의

파도치는 소리가 벼락 맞은 산호초처럼 무너져 내렸다

  코로나19는 속도전에 익숙한 인류를 속도전으로 맹공격했다
  보기에도 아까운 바위채송화가 속절없이 떨어졌다
  속도가 멈춤의 반어법을 펼쳐냈다

  쾌속으로 돌던 플라스틱 물레방아가 속도를 줄이고 있었다
  덧나고 짓무르던 바다에 새살이 움트고 있었다
  속도전의 반어법으로 지구의 숨길이 열리고 있었다
  아버지의 몰아쉬던 숨이 비로소 평온해졌다

  컵라면에 뜨거운 물을 붓고 불어터지도록 내버려두었다
  구로역에 놓인 꽃다발, 24개의 장미가 웃고 있었다
  창밖이 그렁그렁 밝아오고 있었다.

섬으로 가는 여정

 섬으로 다시 태어나겠다는 서원은 혓바닥을 뚫은 천형의 고통에 순응하겠다는 것, 온몸 마디마디 무르익은 달빛에 홀로 젖겠다는 것, 몰아치는 담벼락에 겁도 없이 맞서겠다는 것, 고독이라는 소낙비에 젖으면 얼마나 어두워지는지 날 것으로 씹어 먹겠다는 것, 섬 같은 별 하나 되어 우주를 떠돌다 우연히 닿은 너에게서 평안을 얻겠다는 것.

더는 외로워 말라며 철썩철썩 쓸어주는 문장의 혀들
섬은 풀밭에 신발을 벗어놓았다
신발을 벗자 발가락이 사라졌다
기대고 싶은 신이 너무 작았던 게지
얼마나 아팠으면 섬이 태어나자 감쪽같이 사라졌겠어?
그것은 어쩌면 꼬리지느러미가 필요하다는 신호
꼬리를 친친 감고 있던 슬픔이 바다로 스며들었다
뚝 떨어져 나간 슬픈 실루엣에서 섬이 태어났던 것이다
그러므로 섬의 고대어는 슬픔
슬픔이라는 마침표의 여정에 올랐다
되돌아가기 싫어서

떠돌이 감정을 좇아 흘러다녔다
돌아가고 싶어서 사라진 별을 지우지 못했다
마음을 떠나보낸 섬을 따라다니며
밀물과 썰물을 들락거렸다
섬 너머에 별들이 휘청거렸다
포도를 따먹듯이 누군가 섬을 따먹었다
보이지 않으면 돌아갈 수 없잖아
활시위를 당길수록 희미해지는 과녁
멀어질수록 뚜렷해지는
나의 고독. 그리고 섬.

산호의 푸른 변방

푸른 것들은 변방에서 출렁거렸다
중심을 떠나 변방에 도착하면 바람결에도 소금기가 서걱
거렸다
짠물에 젖은 바다에도 봄은 왔다

오슬오슬 떨던 해류들이 물의 온도를 바꾸고
산호들이 꽃을 피우기 시작했다
산호의 알이 꽃잎처럼 하롱거렸다
산호 왕관을 쓴 바다
자세히 보니 코로나19에게 봄을 뺏긴 중심처럼
산호의 빛이 사라지기 시작했다
푸른 변방이 아무리 출렁대도 어느 해안에도 빛이 도달
하지 못했다

해가 입술을 문질러대도 산호는 반짝이지 않았다

바다는 봄의 빛깔을 잃었다
아무데서나 주검이 목도되었다
어떤 것들도 빛을 받아도 돌려주지 못했다
해의 살이 상처를 문지르다가 문드러졌다
햇살이 흔들어대도 윤슬은 한때 반짝였던 추억이었다

플라스틱이 산호를 감아 목을 죄고 있었다
학폭* 같은 어둠이 주먹으로 해의 뼈를 박살내고
발길질로 빛을 짓뭉개고 있었다
푸른 바다는 푸른빛을 잃고 죽음이 일상이 되었다.

*학폭: 학교폭력의 줄임말

크릴새우 하느님

그는 바다 같아서
아니 바다여서
세상의 뱃구레를 복종시킨다

세상의 먹이가 되어 세상을 먹여 살린다

자존을 일으키는 등뼈는 타인의 자존을 위해 부드러운 살이 되었다
군림은 독재자의 무기이므로
섬김을 필생의 방패로 삼은 작은 신은
허기진 뱃구레들의 눈물을 닦아준다

기도하지 않아도 스스로 응답이 된다

비폭력이어서 가장 강력한 종교다

아무것도 요구하지 않아서 가장 무서운 하느님이다

스스로 순교자가 되어 세상을 용서하는 예수님이다

붉은 바다에는 크릴새우 하느님이 산다.

작품론

플라스틱 이후, 듣기의 시학

강 나 루
(시인, 문학평론가)

1.

전숙 시인의 『바다가 우는 방식』은 재난을 지식으로 해석하는 대신 원초로 향하는 감각으로 형상화한다. 시인은 냄새와 빛, 소리의 경로가 어긋나는 순간을 붙잡는다. 그래서 바다는 말 대신 울음으로 진동하고, 빛은 닿아도 반사하지 못하며, 혀는 맛과 말을 함께 잃는다. 그 틈에서 시는 '무엇이 부서졌는가'가 아니라 '어디에서 감각이 멈추었는가'를 듣는다.

시인은 언어가 부재하고, 빛이 반사하지 못하고, 혀가 맛과 말을 상실하는 모든 상황은 세계가 더 이상 인간에게 응답하지 않겠다는 징후로 읽는다. 그래서 더 이상 세계를 향해 요구하거나 소리치는 대신, 감각을 붙잡고 더 잘 듣고자 시도한다. 한때 청결의 상징이던 물질이 독성을 내뱉고, 반짝이던 산호가 빛을 잃을 때, 시인은 어째서 이런 현상이 벌어지는지 설명하는 대신 체험을 통해 몸의 언어로 적어나간다. 시간 또한 감각의 언어로 치환

된다. 호흡의 끝에서 터져나오는 울음, 애도의 일상은 시간의 흐름을 통해 반복적 리듬으로 승화된다. 또, 이번 시집에서 시인은 먹고 말하는 것조차 윤리의 영역에서 바라보고 있다. 샥스핀이 올라간 식탁에서 미각은 자연을 향한 폭력으로 전환되어서, 혀가 일개 미각기관이 아니라 살아있는 감각이 된다. 살아있는 감각으로서의 혀는 눈물을 말리고, 상처를 핥고, 먹임으로써 세계에게 다시금 숨을 불어넣는다.

『바다가 우는 방식』은 감각을 되살리려는 시집이다. 숨을 고르고, 울음을 삼키고, 음식을 나누는 일은 삶의 기본이다. 그런 행위들이 제자리를 찾을 때 감각은 조금씩 회복된다. 플라스틱 이후의 세계에서 시인은 묻는다. 우리가 아직 들을 수 있다면, 어디에서부터 들어야 할까?

2.
전숙 시인은 몸과 감각의 고장으로 사태를 보여준다. 말하기와 듣기, 반응과 반사가 차례로 멈추는 장면이 이어진다. 독자는 비극을 정보로 알지 않고 감각의 붕괴로 확인하게 된다.

> 세수하다 거울을 보니 얼굴 자리에 엉덩이가 붙어있어요
> 엉덩이에서 하루치의 반성이 쏟아져요
> 몇 년 전부터 해결하지 못한 플라스틱 숙변도 섞여있어요
> 비명도 못 지르고 플라스틱에 질식한 바다
> 몸부림치던 비명이 엉덩이로 다시 태어났어요

얼굴이 뭉그러진 바다
머리를 산발하고 몸을 기울인 채 앓고 있어요
올 풀린 스웨터처럼 잔영만 남은 포말
한때 철썩이며 사랑하고 번성했던 저 육체는
이제 거꾸로 뒤집힌 반어법
바람이 일 없이 발길질을 해대도 비명도 못 지르는 검은 침묵
언로가 막힌 통증은 역주행을 택했어요
엉덩이로 비명을 지르기로 한 거죠
전속력으로 역주행하는 거울 속의 자화상이 보여요
음식이 독일 때도
먹는 일이 길의 방식일까요
신경세포를 따라서 방사성으로 깨어나는 통각
꽃이 지는 일도 이토록 아플까요

내장을 밑바닥까지 뒤집어서 독극물을 토해내는 일은 먼저 제 속이 썩어문드러지는 일이었어요. 속 시끄러운 날 식구들 내보내고 마음 바닥까지 눈물로 닦아내듯이 마른 수숫대처럼 가슴이 타들어가던 바다는 온몸이 배설구가 되어 플라스틱을 토해냈어요. 한순간도 울음을 멈추지 않는 꽃처럼 아름다웠던 바다. 얼굴과 엉덩이가 뒤바뀌어도 진통제도 처방받지 못한 바다는 앓는 소리도 내지 못해요. 통증이 목구멍까지 차올라요.

향유고래의 배설물이 폐가처럼 울어요
한 생의 악취를 바다는 빨고 또 빨았지요
반어법의 얼굴처럼 똥에서 향기가 났어요

사람들은 그것을 용연향이라 불렀다지요.
　　　　　　　　　　　－「바다가 우는 방식」전문

　화자는 먼저 듣기의 조건이 무너진 세계를 상상한다. "얼굴 자리에 엉덩이"가 붙어있고 "엉덩이로 비명을 지"른다는 설정은 소리의 출구가 봉쇄된 상태를 극단적으로 가시화할 뿐만 아니라, 이 파열을 타자의 비극이 아니라 자기의 증상으로 끌어들인다. 또한 거울 속 자화상은 바다를 먼 풍경으로 밀어내지 않고, 우리 몸의 내부 사건으로 변환한다. 이러한 감각 체계를 뒤집는 혼란스러운 상상력은 윤리적 질문으로 이어지며, "똥에서 향기가 났어요"와 "용연향"의 연결을 통해 악취와 향기의 구분을 무너뜨리는 미화의 언어에 의해 감각은 둔감해진다. 시인은 바로 그 지점에서 수치와 책임의 감각을 깨우려 한다. 독자는 혼란과 역겨움, 그리고 뒤늦게 찾아오는 부끄러움을 자기 몸으로 감지함으로써 타자가 제시한 정보를 자기 것인 양 성급하게 도덕적 판단을 내리는 대신, 감각을 회복하는 일이 윤리의 출발임을 자각한다.

　이 작품에서 드러나는 시인의 사고는 한 방향으로 수렴한다. 바다를 증언자로 세우고, 인간의 언어가 막힐 때 다른 기관들이 어떻게 말하기를 이어받는지 탐지한다. 듣기는 사실 확인의 기술이 아니라 생명의 신호를 복구하는 습관이 된다. 시인은 상상력을 통해 목격과 책임을 한 자리에 놓는다. 조사를 늘리지 않고 장면을 남기는 이유도 여기에 있다. 독자가 장면을 오래 듣도록 만들기 위해서다. 이런 의도와 상상력이 이 시집 전체의 제목과 연결된다. 바다가 우는 방식은 울음소리의 크기가 아니라, 막힌 통로를 통해서라도 끝내 전해지는 신호의 질로 정의된다.

「독설과 하이드」에서도 이러한 시작詩作 방식을 확인할 수 있는데, 시인은 통증을 듣는 경험을 말의 기관으로 확장함으로써 깨끗함과 향기를 약속하던 물질이 어떻게 독의 저장고가 되는지, 그리고 혀와 말이 어떤 순간에 침묵과 폭력의 통로로 변하는지를 묻는다.

    그는 집요한 사냥꾼처럼 장전을 하고 한쪽 눈의 감각으로 목표를 뚫었다. 한때 향기의 집이었던 미세플라스틱은 향기의 빈자리에 독설을 쌓기 시작했다. 걸레로도 닦아낼 수 없고 진공청소기로도 흡입해낼 수 없는 하이드의 독설에 바다는 점점 미쳐갔다. 산호도 함초도 해당화 꽃잎도 독설에 무릎을 꿇고 기어이 바다가 덜컥 멈추었다.

  바람에 휩쓸려 만장처럼 펄럭이는 억새
  억새의 바다를 떠올리며 파도는 우우 울었다
  멀리서 보면 꽃잎 같았다
  벌처럼 플라스틱 섬 속으로 날아든 새치떼
  배를 하얗게 뒤집고 둥둥 북소리처럼 떠 있다
  이어도사나로 흔들리는 하얀 상여꽃 같았다
  플라스틱은 지킬 속의 하이드였을까

  빗장을 두르듯 울음길이 막힌 바다는 화장터 같은 어둠이었다. 정어리 떼가 말없음표처럼 수면에 떠 올랐다. 썩은 멸치 떼는 하수구의 슬러시처럼 형체를 알아볼 수 없었다. 바다는 수몰현장 같았다. 눈을 지운 심해어처럼 길이 막히자 모두들 더듬거렸다. 단두대처럼 막무가내의 살생이 집행되고 있었다.

> 유배지에서 섬이 된 플라스틱
> 그것들의 종착지는 슬프게도 바다였다
> 바다는 모든 종들의 고향이었다
> 그렇게 고향은 플라스틱으로 대체되었다
> 모든 종들은 플라스틱으로 다시 태어났다
> 그리고 플라스틱 무덤에 묻혔다
> 출생이 곧 무덤인 영생의 삶이 반복되었다
> 지킬 박사는 떠나버린 미래였다
> 플라스틱으로 재구성된 혀는 침묵했다.
> ―「독설과 하이드」 전문

 화자는 미세플라스틱을 "한때 향기의 집"으로 부르고, 그 자리에 "독설"이 쌓인다고 말한다. 독설은 독한 말이면서 동시에 독이 스며든 말이다. 깨끗함과 향기를 약속하던 "플라스틱"이 독의 저장고로 변하고, 향의 자리에는 말의 잔여가 남는다. 냄새의 경계가 무너질 때 언어의 경계도 흐려진다. 깨끗함의 언어가 폭력의 흔적을 덮는 순간을 독자는 감각으로 느낀다. 향과 독의 반전을 통해, 미화의 언어와 소비의 언어가 현실의 상처를 가려 온 방식을 드러낸다.

 바다는 장례의 무대가 되어서, 억새는 만장처럼 흔들리고, 뒤집힌 새치 떼는 상여꽃이 된다. 정어리와 멸치의 침묵은 "말없음표"로 고정되고, 생명의 장이던 바다는 화장터처럼 식어간다. 시인은 플라스틱을 유배지에서 섬으로 옮겨 놓으며, 파괴의 종착지를 풍경으로 만든다. "출생이 곧 무덤인 영생의 삶"은 영생이 영생이 아니라는 역설을 드러냄으로써 지킬은 사라지고, 하이드만이 남긴다. 이 세계에서 말은 더 이상 윤리의 도구가 아니다. "플라스틱으로 재구성된 혀는 침묵"함으로써 언어는 스스로의 통로를 잃는다. 시는 그 침묵의 감각을 듣는다.

그런가하면 「산호의 푸른 변방」에서 시인은 말과 혀의 오염을 지나 시선을 빛으로 옮긴다. 들어오는 빛이 왜 돌아오지 않는지, 반짝임의 실패가 공동의 삶에서 무엇을 무너뜨리는지 묻는다.

    푸른 것들은 변방에서 출렁거렸다
    중심을 떠나 변방에 도착하면 바람결에도 소금기가 서걱거렸다
    짠물에 젖은 바다에도 봄은 왔다

    오슬오슬 떨던 해류들이 물의 온도를 바꾸고
    산호들이 꽃을 피우기 시작했다
    산호의 알이 꽃잎처럼 하롱거렸다
    산호 왕관을 쓴 바다
    자세히 보니 코로나19에게 봄을 뺏긴 중심처럼
    산호의 빛이 사라지기 시작했다
    푸른 변방이 아무리 출렁대도 어느 해안에도 빛이 도달하지 못했다

해가 입술을 문질러대도 산호는 반짝이지 않았다

   바다는 봄의 빛깔을 잃었다
   아무데서나 주검이 목도되었다
   어떤 것들도 빛을 받아도 돌려주지 못했다
   해의 살이 상처를 문지르다가 문드러졌다
   햇살이 흔들어대도 윤슬은 한때 반짝였던 추억이었다
   플라스틱이 산호를 감아 목을 죄고 있었다
   학폭 같은 어둠이 주먹으로 해의 뼈를 박살내고
   발길질로 빛을 짓뭉개고 있었다
   푸른 바다는 푸른빛을 잃고 죽음이 일상이 되었다.
                     -「산호의 푸른 변방」 전문

 시인은 중심과 변방의 감각 지도를 다시 그린다. "푸른 것들은 변방에서 출렁거렸다"와 "푸른 변방이 아무리 출렁대도 어느 해안에도 빛이 도달하지 못했다"는 진술은 자연의 계절 변화가 더 이상 사회의 중심을 통과하지 못한다는 사실을 보여준다. 봄은 오지만 제자리를 잃는다. 시인은 생태의 위기를 지식의 언어로 설명하지 않고, 응답의 실패로 체험하게 만든다. "해가 입술을 문질러대도 산호는 반짝이지 않"음으로써 빛을 주고받는 관계를 대화의 형태로 바꾼다. 해는 말을 걸지만 산호는 대답하지 못한다.

 그런가 하면 "윤슬은 한때 반짝였던 추억"이라며 기능의 과거형을 현재의 무능과 나란히 놓음으로써 감각의 기억이 지금의 책임을 환기하도록 한다. 빛을 가로막는

힘은 질병이나 재난만이 아니다. "학폭 같은 어둠"은 생태적 폭력이 생활의 폭력과 닮아 있음을 드러낸다. "플라스틱이 산호를 감아 목을 죄고 있"다며 은유로 폭력의 원인을 흐리는 대신 적나라하고 구체적 행위로 고정한다. 전숙 시인은 반사하지 못하는 표면을 오래 바라보며, 응답하지 못하는 시간의 체류를 기록으로 남긴다. 그 기록은 빛을 더 밝히는 해법이 아니라, 반사 능력을 회복해야 한다는 과제를 남긴다.

전숙 시인의 시는 감각의 고장으로 시작해, 언어의 부패를 통과하고, 빛의 응답 실패로까지 확장된다. 「바다가 우는 방식」에서 그는 몸의 통증을 통해 세계의 균열을 듣게 만들었고, 「독설과 하이드」에서는 말과 혀의 변질을 통해 언어가 스스로의 윤리를 잃는 순간을 포착했다. 「산호의 푸른 변방」에 이르러 시선은 빛으로 옮겨지며, 반사의 부재가 관계의 단절로 이어지는 과정을 보여준다. 이 세 장면은 각각 다른 기관을 매개로 하지만, 모두 '응답 불능의 세계'를 드러낸다는 점에서 한 줄로 이어진다. 몸은 울음을 내지 못하고, 말은 스스로를 오염시키며, 빛은 반사를 멈춘다. 시인은 이러한 차단의 순간들을 통해 감각의 복원을 모색한다. 그 복원은 치유나 회복의 언어가 아니라, 더 이상 응답하지 않는 세계에 끝까지 귀 기울이는 일이다. 따라서 이 시집에서 '듣기'는 소리를 인식하는 능력이 아니라, 끊어진 관계를 감각의 층위에서 다시 이어보려는 윤리적 행위로 읽힌다.

3.

앞서 다룬 시편들이 감각의 붕괴를 다양하게 드러냈다면, 무너진 감각에서 호흡과 돌봄의 동작으로의 전이를 살피는 시편 또한 다양하다. 바다와 어머니와 혀의 이미지를 연결해 돌봄의 규칙을 꺼내며, 책임의 언어를 장면 속에서 자라게 한다. 핵심은 회복을 선언하지 않는 태도다. 오래 숨을 고르고, 서로를 부르고, 필요할 때 멈추는 질서를 반복 훈련으로 만든다.

「숨비소리」에서 시인은 회복을 말로 선언하지 않는다. 그는 상실을 견디는 호흡의 규칙을 먼저 보여준다.

> 달빛이 여우 목도리 같았다
>
> 너븐숭이는 가슴이 빈 줄도 모르고 사라진 목숨들을 빈 가슴에 토닥였다. 어쩌자고 달은 벼랑 끝에 매달려 위태롭기만 한데 달빛이 너븐숭이의 주름진 등을 감쌌다. 주름 사이사이 고인 핏물을 달빛은 한사코 씻어내고 달빛에 씻긴 핏물은 옴팡밭으로 스며들었다. 사람사냥에서 살아남은 엄마는 둘째와 셋째를 너븐숭이에 묻었다. 핏덩이로 버려진 어린 울음들, 가슴에 파인 주름 틈새로 날개도 없이 떠도는데 엄마는 그날 이후 너븐숭이를 기억에서 지웠다.
>
> 잠녀가 된 엄마는 호흡의 바닥까지 바다를 떠나지 않았다
>
> 마침내 바다 밖으로 나온 엄마의 숨비소리는 강하고 멀었다

바람을 타고 이어도에 흘러갈 힘이 생길 때까지
엄마는 숨을 달빛처럼 휘감았다
가엾은 아가를 이어도로 떠나보낸 잠녀만의 능력이었다

이어도 파도처럼 천년은 내쉬어야 숨비소리는 끝이 날 것 같았다

쑥국쑥국 쑥국새 울음처럼 머리를 산발한 바다에 누워
산담도 없는 마지막 숨을 몰아쉬던 엄마는
돌 서너 개 얹힌 애기 돌무덤에 함께 묻어달라고 했다

지워진 자식들의 환상통이 밤마다 피어났을까
엄마는 빈 가슴 토닥이듯이
죽음 같은 숨비소리를 한 생 동안 토해냈을 것이다

울음뿐인 새들이 엄마의 숨비소리를 물고 너븐숭이로 날아갔다.
 - 「숨비소리-동백 열네 송이」 전문

시인은 애도를 사건이 아니라 호흡으로 다시 정의한다. "호흡의 바다"까지 내려가 터져 나오는 숨비소리는 한 번의 울음이 아니라 지속의 리듬이다. "천년은 내쉬어야"라는 과장은 과잉 표현이 아니다. 상실이 소멸하지 않는 시간 규모를 독자에게 체감시키려는 의도이다. 달빛이 너븐숭이의 핏물을 씻어 옴팡밭으로 스며들게 하는 장면은 피를 폐기물로 처리하지 않는다. 피를 흙으로 돌려보내며 돌봄의 순환으로 편입한다. 시인은 사건명을 호출하지 않는다. 달빛과 흙과 바람과 물살이 애도의 리듬을 대신

말하도록 배치한다. 상상력의 초점은 표어가 아니라 생활의 동작에 있다. "잠녀가 된 엄마는" "바다를 떠나지 않"고 숨을 감아 이어도로 보낸다. 호흡이 사라진 생을 옮기는 일은 종교적 은총이 아니라 숙련의 노동이다.

시인은 공간의 지도를 새로 그린다. 너븐숭이는 단순한 매장지가 아니다. 기억을 지우고도 지워지지 않는 경계이며, 사적 상실이 공동의 호흡으로 변환되는 관문이다. "환상통"은 없는 것을 계속 느끼는 고통이다. 시인은 이 신경의 언어를 애도의 언어로 전환한다. 보이지 않는 통증을 들을 수 있게 만들기 위해 새와 바람을 불러온다. "울음뿐인 새들"이 숨비소리를 물고 날아가는 장면은 비유의 장식이 아니다. 울음이 장소를 바꾸어도 리듬을 잃지 않는다는 증언이다. 엄마가 "함께 묻어달라"고 청하는 대목은 상실의 분리와 결별을 거부하고 연대의 거처를 선택하는 선언이다.

다음의 「울음의 공터」에서 시인은 개인의 호흡을 공동의 애도로 확장한다. 화면 앞의 관객을 공터의 증인으로 돌려세우며 애도의 장소를 만든다.

> 맹골수도는 빠르게 이동하고 있었다
> 그 중심에 울음이 범람하고 있었다
> 금방 스친 울음을 떨쳐내기라도 하려는 듯이
> 그 바다에서는 바람도 옷고름이 젖었다
>
> 춘향이와 몽룡의 도홧빛 볼우물까지 울음이 차올랐다

울음은 까치발을 들고 목을 빼고 마지막 호흡까지 숨을 들어올렸다

　울음이 물속에 잠겼다. T.V 화면을 바라보는 눈동자에 얼마나 더 힘을 주어야 침몰하는 울음들을 들어 올릴 수 있는 걸까

　철문을 깨부술 응원을 쇠망치처럼 쳐들고 화면을 응시하고 있었다. 아무리 들여다봐도 망치는커녕 뱃전을 때리는 바람 한 점 일지 않았다. 속수무책의 바다는 모래성처럼 허물어졌다. 발버둥 치던 살구꽃, 복숭아꽃, 벚꽃이 꽃잎을 떨구었다. 눈물을 쏟은 만큼 내장을 비운 맹골수도는 스스로 떠올라 날개가 돋아나도록 속도를 올렸다.

　바다안개는 눈물방울의 개수만큼 계단을 쌓았다
　가라앉다가 솟구치다가 다시 가라앉는 꽃잎들
　모두의 가슴에 바닷물이 쏟아져 들어왔다
　부둥켜안고 허우적대는 절망들
　칼날 같은 파도에 희망이 베어지기 시작했다
　베인 상처마다 시퍼런 주름들이 생겨났다

　꽃가지를 던지자 뱅글뱅글
　떠올랐다가 잠겼다가 서로를 맴돌았다

　눈물이 눈물을 삼키자
　울먹이던 괭이갈매기 한 마리
　울음의 공터를 물고 허공으로 사라졌다.
　　　　　　　　　　　　　　　－「울음의 공터」 전문

사건명은 비워 두고, 화면 앞의 관객을 공터의 증인으로 불러내는 것이 이 시의 첫 의도다. "울음이 물속에 잠겼다"는 말은 감정을 설명하지 않고 무게와 점성을 상상하게 만든다. 들고 선 망치는 아무것도 깨뜨리지 못하고, 바닷물만 가슴으로 밀려온다. 연민의 언어로 무력감을 봉합하지 않기 위해 시인은 물의 운동으로 감정의 압력을 번역한다. "춘향이와 몽룡"이 스며드는 순간 애도는 한 사건의 경계를 벗어나 일상의 기억으로 번진다. 공터는 그래서 비어 있는 땅이 아니라, 각자의 호흡이 모여 리듬을 만드는 자리로 설정된다.

애도는 결과가 아니라 과정이라는 관점이 끝까지 유지된다. "가라앉다가 솟구치다가 다시 가라앉는" 반복은 실패와 희망이 교대로 찾아오는 시간을 받아들이는 훈련이고, "꽃가지를 던지자"는 행위는 상징의 과장이 아니라 책임의 시작이다. 떠오르고 잠기며 서로를 맴도는 꽃처럼, 감정은 전달되고 되돌아오며 순환을 만든다. "눈물이 눈물을 삼키자"는 문장은 과잉의 눈물이 아니라 서로의 눈물이 서로를 지탱하는 윤리의 회로를 말한다. 마지막에 괭이갈매기가 공터를 물고 사라질 때, 시는 끝을 약속하지 않는다. 다음 장소로 이동하는 애도의 지속만 남긴다. "내장을 비운 맹골수도"와 "시퍼런 주름" 같은 이미지들은 통증을 관념으로 밀어 올리지 않고 몸의 감각으로 남기며, 물결과 꽃가지와 새라는 최소한의 사물로 공동의 시간을 다시 세운다.

「울음의 공터」가 애도의 리듬이 공터에서 몸에 배었다면, 이제 그 리듬이 먹임과 부름의 언어로 옮아서 눈물과 상처, 배고픔을 같은 기관이 돌보는 자리를 보여준다.

> 신은 바다에게 어미라고 불리는 혀를 주었다
>
> 혀는 그 따뜻함으로 세상의 눈물을 말려줄 줄 알았다
>
> 그 끈기로 가출한 남편의 귀가도 기다릴 줄 알았다
>
> 그 부드러움을 동그랗게 말아 세상의 상처를 안아줄 줄 알았다
>
> 그 든든함으로 세상을 먹일 줄 알았다
> 그 탄력으로 세상을 소통시킬 줄 알았다
>
> 오류의 길에서는 마땅히 혀를 깨물어 길을 끊어낼 줄 알았다.
>
> 바다 어미는 뭉게구름 고봉밥을 차려두고 알래스카해류 골목에 대고 소리친다
>
> "혹등고래야 밥 먹어라, 밥 식는다."
>
> 혹등고래는 요즘 대세인 트로트를 흥얼거리며
> 뭉게뭉게 숟가락질인데
> 뭉게구름 밥풀 서너 알
> 혹처럼 턱에 매달려 있다

설거지를 끝낸 어미는 스스로 어두워져 떠날 때를 알았다
그렇게 혀는 어미가 되고 어미는 바다가 되었다.
　　　　　　　　　　　　　　　 -「바다의 혀」 전문

혀는 신체의 일부가 아니라 관계의 대상이다. "눈물을 말리고", "상처를 안아주고", "세상을 먹일" 수 있다는 진술은 혀를 맛과 말의 경계를 넘어 돌봄의 회로로 확장한다. 혀는 판단을 설교하지 않고, 눈물의 수분을 덜어내고, 상처를 핥아 덮고, 배고픔을 채우면서 규칙을 몸에 새긴다. 그런가하면 "바다 어미"의 부름, "혹등고래야 밥 먹어라, 밥 식는다"는 호출은 통제의 명령이 아니라 응답을 바라는 호명이어서 먹임은 우위의 표식이 아니라 관계의 상징이다. 또, "밥풀 서너 알이 혹처럼 턱에 매달려 있다"는 첨언에서 남은 밥풀은 서투름의 흔적이 아니라 다음 응답을 예비하는 신호다. "설거지를 끝낸 어미"가 "스스로" "떠날 때를" 아는 것은 먹임에는 끝맺음이 있고, 물러남 또한 돌봄의 일부임을 말하는 것이다. 그렇게 "혀는 어미가 되고 어미는 바다가 되"는 결말은 돌봄의 규모가 몸에서 집, 집에서 바다로 확장된다는 사고를 명료하게 그린다. 한 기관의 사용법을 바꾸면 한 공동체의 질서가 바뀐다는 믿음이 여기 있다. 시인은 무엇을 말해야 하는가보다 언제 멈추고 어떻게 부를 것인가를 먼저 묻는다. 그 질문이 회복의 기술을 생활 속에서 지속가능하게 만든다.

앞서 「숨비소리-동백 열네 송이」에서 상실은 사건이

아니라 호흡의 길이로 환원되고, 달빛·흙·바람 같은 생활의 이미지가 애도의 리듬을 조직한다. 잠녀의 숨은 잊힌 이름들을 이어도로 보내는 기술로 제시되며, 오래 내쉬는 반복이 기억의 고통을 견디는 규칙이 된다. 시인은 구호 대신 동작을 남기고, 듣기를 음향의 확인이 아니라 숨의 훈련으로 전환한다.

그 리듬이 공동의 자리로 확장되면 「울음의 공터」가 된다. 화면 앞의 관객은 공터의 증인이 되고, 감정은 물의 운동으로 번역된다. 꽃가지를 던지는 행위는 상징의 과장이 아니라 책임의 시작이며, 떠올랐다 잠기는 꽃처럼 애도는 전달과 귀환의 순환으로 지속된다. 여기서 소리·말·빛의 회로가 끊겼다는 사실은 해법의 어휘로 바뀐다. 회복은 선언이 아니라 습관이고, 듣기는 막힘과 무응답을 감지하며 호흡과 반복으로 공동의 시간을 다시 세우는 일이다.

4.

전숙 시인은 이제 감각의 중심을 귀에서 혀로 옮긴다. 앞선 장들이 들리지 않음과 멈춤의 장면을 통해 감각의 붕괴를 살폈다면, 이 장은 먹는 행위에서 윤리의 회로가 어떻게 무너지고 다시 이어지는지를 다룬다. 분석의 초점은 설명이나 설교가 아니라 장면에 있다. 식탁과 바다, 접시와 입 사이를 오가며 맛이 폭력의 기억을 어떻게 숨기거나 드러내는지 추적한다. 작은 존재가 큰 질서를 지탱하는 방식, 멈춤의 규칙, 부름이 관계를 여는 호명이라는 관점을 한자리에 놓는다.

다음의 「우아한 샥스핀」에서 시인은 시선을 식탁으로 옮긴다. 우아함의 말이 어떻게 폭력을 가리고, 맛이 어떻게 책임을 마비시키는지 묻는다.

> 어부는 상어의 지느러미만 잘라내고
> 죽이기도 귀찮아서 선심 쓰듯 놓아주었다
>
> 팔 다리가 잘린 상어는 몸통으로 물결을 달래보지만 50층에서 낙하하는 노숙자처럼 날개가 없다.
>
> 비명 소리…
>
> 바다에 부딪히는 절망이 주마등처럼 한 생의 필름을 거꾸로 돌린다. 마녀사냥, 노예상인, 일본, 독재, 고문 기계. 반복 생산된 비애로 3류 극장 동시상영처럼 눈물비가 오는 필름은 시간고문으로 고단한 숨결을 내려놓는다. 해저에는 고층아파트에서 유성처럼 쏟아져 내린 별의 무덤이 있다.
>
> 고급식당 아름다운 본차이나 접시
> 샥스핀이 아름답게 성장한 채 우아하게 앉아있다
> 자살골처럼 저를 죽인,
> 잘라내고 싶은 식감으로 미식가의 혓바닥을 공격한다
>
> …중략…

샥스핀이 송골매의 눈으로 쏘아보고 있다.
― 「우아한 샥스핀」 부분

바다에서 잘린 샥스핀과 접시 위에 놓인 식감은 같은 장면의 두 단면이다. "선심 쓰듯 놓아주었다"는 말은 잔혹을 호의로 감추는 심리를 드러낸다. 이어지는 "50층에서 낙하하는 노숙자", "마녀사냥, 노예상인, 일본, 독재, 고문 기계"의 연쇄는 식탁이 역사적 폭력의 계보와 분리될 수 없음을 환기한다. 시인은 미식의 언어를 개인의 취향으로 격리하지 않고, 우아함이 품격이 아니라 마취가 되는 과정을 보여준다. 초점은 곧 입안으로 이동한다. "자살골처럼 저를 죽인"이라는 역설은 식욕의 자기 파괴성을 드러내고, "아가미를 빠져나간 바다가 창자를 휘젓고"는 바다를 풍경이 아니라 내장으로 바꾼다. 먹은 것은 사라지지 않고 "내장 돌기마다 보이지 않는 바늘"처럼 남아 통증으로 기억된다. 마지막의 "샥스핀이 송골매의 눈으로 쏘아보고 있다"는 시선을 뒤집는다. 접시를 내려다보던 주체가 응시당하는 객체가 되고, 책임은 식탁의 밖이 아니라 혀의 한복판으로 옮겨진다.

시인은 도덕을 해설하지 않는다. 이미지와 어휘만으로 독자가 판단의 자리에 서도록 만든다. 남는 것은 가르침이 아니라 질문이다. 혀를 무엇을 위해 사용할 것인가, 그리고 언제 멈출 것인가. 그 질문이 다음 시에서 이어질 섬김의 질서를 예비한다.

다음의 「크릴새우 하느님」에서 시인은 지배의 상상력을 버리고 섬김의 상상력으로 이동한다. 힘을 위에서 아래로 내리는 권한이 아니라, 아래에서 위를 떠받치는 공급으로 다시 정의한다.

> 그는 바다 같아서
> 아니 바다여서
> 세상의 뱃구레를 복종시킨다
>
> 세상의 먹이가 되어 세상을 먹여 살린다
>
> 자존을 일으키는 등뼈는 타인의 자존을 위해 부드러운 살이 되었다
> 군림은 독재자의 무기이므로
> 섬김을 필생의 방패로 삼은 작은 신은
> 허기진 뱃구레들의 눈물을 닦아준다
>
> 기도하지 않아도 스스로 응답이 된다
>
> 비폭력이어서 가장 강력한 종교다
>
> 아무것도 요구하지 않아서 가장 무서운 하느님이다
>
> 스스로 순교자가 되어 세상을 용서하는 예수님이다
>
> 붉은 바다에는 크릴새우 하느님이 산다.
> ―「크릴새우 하느님」전문

화자는 크릴새우를 "세상의 먹이가 되어 세상을 먹여 살"리는 존재로 인식한다. 크릴새우는 먹히는 존재가 됨

으로써 공동의 생을 유지하는 핵심이자 돌봄의 주체가 된다. 그래서 "자존을 일으키는 등뼈는 타인의 자존을 위해 부드러운 살이 되었다"는 말은 힘의 사용법을 바꾼다는 선언이다. 화자는 거대한 신을 불러 현실을 정당화하지 않고, 가장 작은 먹이를 "하느님"으로 불러 위계를 뒤집는다. "섬김을 필생의 방패로 삼은 작은 신"은 공격이 아니라 보호를 미덕으로 삼고, "스스로 순교자가 되어 세상을 용서하는 예수님"은 대가를 먼저 지불하는 책임의 형식을 보여준다. 이 상상력은 미식의 우아함으로 폭력을 은폐하던 이전 작품과 정확히 대조를 이룬다. 혀는 지배의 도구가 아니라 관계를 여는 기관이 되고, 먹는 일은 생태적 회계가 아니라 응답의 습관이 된다. 시가 남기는 질문은 실천으로 이어진다. 무엇을 더 많이 소유할 것인가가 아니라, 누구를 어떻게 먹여 살릴 것인가. 멈춰야 할 때 멈추고, 불러야 할 때 부르는 규칙이 여기서 완성된다.

전숙 시인의 시는 듣기에서 먹기로, 청각의 윤리에서 미각의 윤리로 확장된다. 「우아한 샥스핀」에서 그는 미식의 언어를 통해 욕망과 폭력의 회로를 드러내고, 「크릴새우 하느님」에서는 먹히는 존재를 중심에 세워 지배의 상상력을 섬김의 상상력으로 바꾼다. 이 두 시편은 식탁과 바다, 혀와 입이라는 일상적 기관을 통해 윤리의 방향을 하강이 아니라 상승으로 전환한다. 먹는 일은 더 이상 소유의 행위가 아니라 응답의 행위이며, 말과 달리 맛은 숨길 수 없는 감각으로 타자의 고통을 남긴다. 시인은 이러한 미각의 윤리를 통해 관계의 복원을 감각의 층위에서 다시 실험한다. 따라서 이 시집에서 '먹기'는 생존의 기술이 아니라 타자를 먹여 살리는 훈련이자, 섬김을 통해 세계와 연결되는 또 하나의 듣기로 읽힌다.

5.

지금까지 살펴본 바와 같이, 전숙의 시는 플라스틱 이후의 세계를 감각의 변화로 보여준다. 이번 시집은 진단에서 훈련을 거쳐 실천으로 이어지는 하나의 사유를 완성한다. 시인은 감각을 회복의 수단이 아니라 관계의 언어로 바꾸려 한다. 귀는 타인의 고통을 듣기 위한 기관이었고, 혀는 그 고통을 나누기 위한 기관이 되었다. 소리와 빛, 냄새와 맛을 따라 이동하는 감각의 서사는 몸이 세계와 맺는 방식을 다시 배우는 과정이다. 그는 설명하지 않고 보여주며, 가르치지 않고 부른다. 상처를 말로 봉합하는 대신, 울음과 숨, 맛과 냄새를 통해 감각이 멈춘 자리에서 관계가 다시 작동하도록 만든다. 이때 회복은 기적이 아니라 습관이며, 윤리는 제도나 신념이 아니라 생활의 리듬이다. 결국 전숙의 시는 세계를 재건하는 거창한 예언이 아니라 생활을 정비하는 세밀한 기술로 읽힌다. 듣기·호흡·부름·먹기의 반복을 통해 시인은 감각의 윤리를 일상의 질서로 되돌린다. '바다가 우는 방식'은 그래서 인간이 다시 감각을 배우는 방식이다.